# 遇见幸福

## ——兴宁市第十小学特色办学之路

余贵珠 编著

中国文联出版社

**图书在版编目（CIP）数据**

遇见幸福：兴宁市第十小学特色办学之路 / 余贵珠编著. — 北京：中国文联出版社，2023.3
ISBN 978-7-5190-5123-5

Ⅰ. ①遇… Ⅱ. ①余… Ⅲ. ①小学教育—教育研究
Ⅳ. ①G622.0

中国国家版本馆CIP数据核字（2023）第039862号

编　　著　余贵珠
责任编辑　刘　旭
责任校对　秀点校对
装帧设计　刘贝贝　李　娜

出版发行　中国文联出版社有限公司
社　　址　北京市朝阳区农展馆南里10号　　邮编　100125
电　　话　010-85923025（发行部）　010-85923091（总编室）
经　　销　全国新华书店等
印　　刷　北京四海锦诚印刷技术有限公司
开　　本　710毫米×1000毫米　　1/16
印　　张　15
字　　数　211千字
版　　次　2023年3月第1版第1次印刷
定　　价　58.00元

# 序 言

世间一切，皆为遇见。你我遇见，在静好的岁月里，共同成长，书写美好的憧憬；在流转的时光里，互相辉映，充盈美丽的人生。

幸福是校园生活的底色，美好是校园生活的方向。让每个教师都能发挥自己的特长，让每个学生的个性都得以彰显是我们办学的目标，“做最擅长的自己，建最幸福的校园！”是我们共同的追求。在这里，我们努力让教育的每一个过程都成为一场幸福的遇见，让孩子们在幸福的校园中成为一名幸福的学生，实现“学习与特长并重，成绩与素质齐飞”，以可喜的成绩为学校增光添彩，谱写童年时代最美的华章。

岁月如歌，青春无悔。不忘初心，方得始终。让我们用最初的心，做永远的事——争做学生生命中的贵人，让教育成为美丽幸福的遇见！

# 序言

# 目录

## 第一章　幸福校园



## 第二章　幸福教师

## 第三章　幸福课堂



## 第四章　幸福学生

# 附 录

# 第一章

# 幸福校园

# 学校简介

兴宁市第十小学，前身是兴宁市教师进修学校附属小学、福兴镇黄畿小学。黄畿小学创办于1950年冬，当时校址在罗镇记（现通书罗），1967年迁至现兴南幼儿园址（兴南大道侧），其时校舍全部是砖瓦房一层结构，服务半径为黄畿村管理区范围，属乡村小学。1986年7月，为适应兴宁城市教育的发展需要，也为进修学校提供一个长期的见习、实习基地，县政府、县教育局把黄畿小学改为“兴宁县教师进修学校附属小学”，隶属教育局直管。2014年3月，为适应我市南部新城发展需要，市委市府决定将学校迁至市华侨中学西侧，2015年8月，迁建工程顺利竣工，学校搬入现校址开学上课。2015年9月1日，学校正式更名为兴宁市第十小学。

## 一、办学理念：做最擅长的自己，建最幸福的校园

我们将致力于办这样一所学校：在我们的眼中，每个学生是如此不同，如此重要。我们顺应每个学生的禀赋，肯定和尊重个体的生命价值、特殊才能、个性差异。在这个温馨的学习社区里，我们坚持以善良培育善良，以智慧启发智慧，以生命润泽生命，激发学生对知识的热情，对成长的信心，对社会的适应，对生命的珍视。我们坚信只要努力就会成功！

## 二、校风：才能求十全，德行求十美

我们希望学生：因为拥有健康的体魄和心灵，能以充沛的精力投入成长的过程；因为拥有友善、宽容、尊重和勇气，能获得令人欢愉的同伴、亲子及师生关系；因为保持敏锐好奇的天性，能求知若渴，在各种体验中快乐成长。

## 三、校训：博学慎思诚信敏行

我们要坚持用一丝不苟、精益求精的态度对待学问，在知识的问题上不掺杂半点虚假；要求全体师生在探求真理的过程中，学思并重，勤学慎思，尊重知识而不拘泥于书本，学习前人而不束缚住自己，勇于实践，敢于创新。

## 四、教风：全人全程全体全面

我们坚持“教育以人为本，面向全体，全面发展，全程发展”。

## 五、学风：心灵美语言美行为美创新美

我们教育学生：要心地善良，讲文明，讲礼貌，要遵纪守法、团结互助，遇事要沉着、冷静，富有创新精神。

## 六、校徽

学校的校徽寓意深刻：学校创办于1950年冬。绿色的香樟树叶象征幸福快乐、古老的樟树是兴宁市第十小学所特有的，别人是轻易模仿不来的，同时和“培养幸福的人”的学校愿景相符合，且以樟树叶为主元素，具有更高的辨识度与记忆

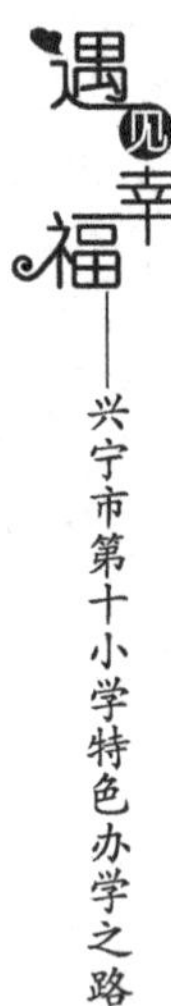


性。中间的“十”字象征我们学校师生追求十全十美，形似欢乐健康的舞者，象征十小师生在阳光普照的绿茵大地上，在宽广无垠的人生舞台中，在生机勃勃的芬芳校园里锻炼与成长，师生携手共进，教学相长，共同感受着生活的和谐、美好与精彩。

## 七、校歌

### 展翅飞翔

（兴宁十小校歌）

1=E 2/4 4/4
♩=96

集体 词
冬红 曲

宁水依依 古塔遥遥，火红的木棉 绿色的香樟。
神光烁烁 映读为乐，才能 求十全 德行 求十美。

辛勤园丁的教诲中 成长着无数的 无数的栋梁。
用渴求知识的眼睛 去点燃明天的 明天的太阳。

啊 十 小 我们的十 小 我们在这里 快乐地成长 快乐地成 长
啊 十 小 我们的十 小 我们在这里 展翅 飞翔 展翅飞 翔

啊 十 小 我们的十 小 你用智慧，引领着我们 一路向 前
啊 十 小 我们的十 小 你用智慧，引领着我们 放飞梦 想

rit……
放飞梦 想

# 校园十美景

## 一、凤凰树下

可供两三个人坐下来聊聊天，谈谈话，背景墙上书写一首怀念的同学少年时光的诗句，在夜晚灯光的映照下，营造出怀念时光，追忆往事的氛围。

## 二、十小，你好！

这里是校门左侧的原有的绿化区域。“才能求十全、德行求十美”充分展示出学校的育人目标。

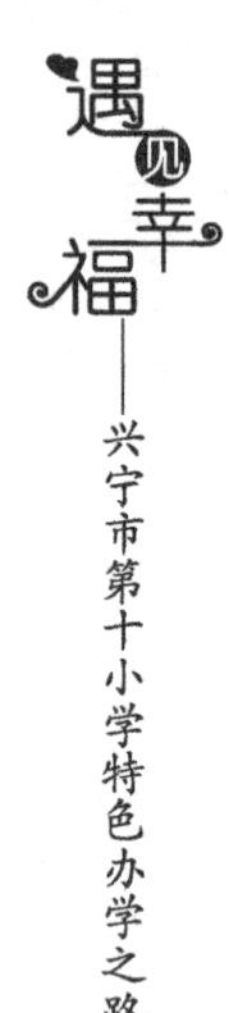

## 三、幸福四章

学校的发展是往前走的，但也要不忘初心，追忆过往。

## 四、饮水思源

以水滴为中心的雕塑，向外散发，寓意学校的发展从一到多不断壮大，同时也要不忘初心，感恩先辈付出。

## 五、红旗飘飘

与当代的政治文化相呼应，也结合兴宁当地的民族精神所体现出一种中国的精神，这里成为展示中国红色文化的阵地。

## 六、博文约礼

以书香、礼仪为主题的浮雕，表现出学生读书的场景、文明礼让的场景，充分展示出师生们的精神面貌、文明礼仪、书香气息。

## 七、勤俭客家

结合梅州市以及兴宁的当地地域文化特色，展示客家的勤俭持家、刻苦耐劳等文化特性，既是感恩怀念，也是传承发展壮大的体现。

## 八、绿茵梦想

足球，是兴宁十小的特色项目，也是本校影响力比较大的项目。“绿茵梦想”寓意绿茵场上的梦想，是需要经过磨炼才能获取的。

## 九、精忠报国

展示梅州以及兴宁本地的爱国名人，表达了一种爱国情怀，与社会主义核心价值观展示区域相互呼应。

## 十、客似云来

展示客家文化的开放式博物馆，让师生们在课余时间能够感受到自己家乡的特色，起到传承特色文化的作用。

美丽十景，无不陶冶师生情操。这寓意深刻的“十小十景”，把师生们“做最擅长的自己，建最幸福的校园”彰显得淋漓尽致，特别是“勤俭客家”“红旗飘飘”和“精忠报国”的景点，既让学生们懂得了客家人“勤劳”和“好学”的优秀品德，也激发了学生的爱国情怀、尊敬先辈、努力学习、奋发向上的求学热情。

# 办学成效

兴宁十小始终把党的政治建设摆在首位，深入贯彻“立德树人”的教育目标，切实促进学生德智体美劳全面发展；坚持以“做最擅长的自己，建最幸福的校园”为办学理念，以提高教学质量为核心，以学校安全为首责的工作总体要求，“培养好每一个学生、发展好每一位教师”的精神为指引，努力提高教育教学质量；凝心聚力，打造学校特色，并逐步构建学校品牌。同时，坚持以“常规求质量，教研求发展”的方针，把教育科研工作开展得有声有色，分别在各级各类比赛中获奖，均取得了可喜的成绩。（附办学成效图片）

2015年9月，被评为市先进学校；2015年10月，兴宁市第五届“体彩杯”少年儿童围棋比赛团体第三名。

2015年兴宁市第五届“体彩杯”少年儿童围棋比赛

团体第三名

兴宁市体育局 兴宁市教育局

二零一五年十月

2016年1月，被评为市学校安全先进单位；2016年11月，兴宁市第四届“体彩杯”少年儿童跆拳道比赛团体总分第三名。

2016年兴宁市第四届“体彩杯”少年儿童跆拳道比赛

团体总分第三名

兴宁市体育局 兴宁市教育局

二零一六年十一月

2018年2月，被评为广东省书香校园；2018年5月，被评为兴宁市第四届“市长杯”女子组足球比赛小学组体育道德风尚奖；2018年6月，荣获兴宁市2018年小学生文艺汇演（声乐类）三等奖；2018年7月，被评为梅州市文明校园；2018年11月，在兴宁市第六届“体彩公益金杯”少年儿童跆拳道比赛中获优秀组织奖。

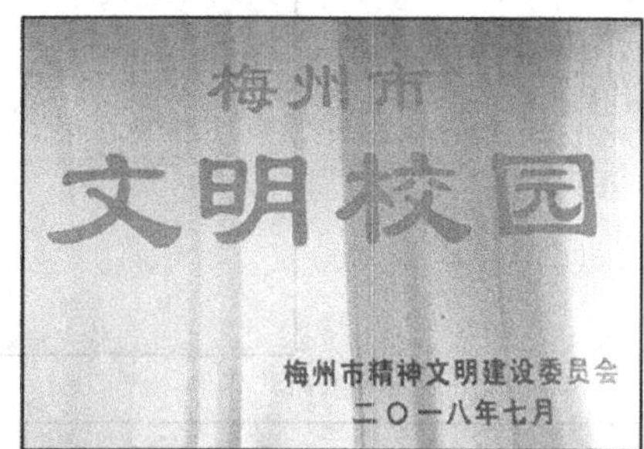


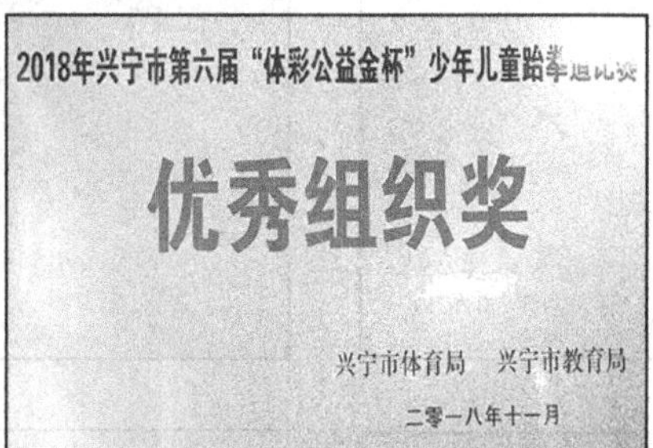


2019年10月，被评为广东省小语会教育科学研究综合规划项目小学写字与书法教育研究课题实验学校；2019年12月，被评为梅州市安全文明校园。

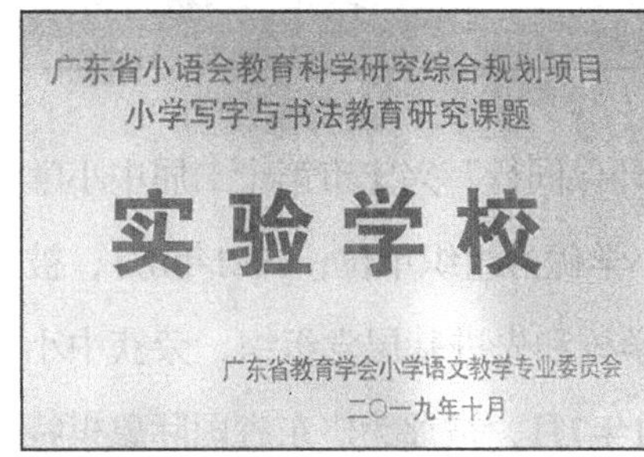


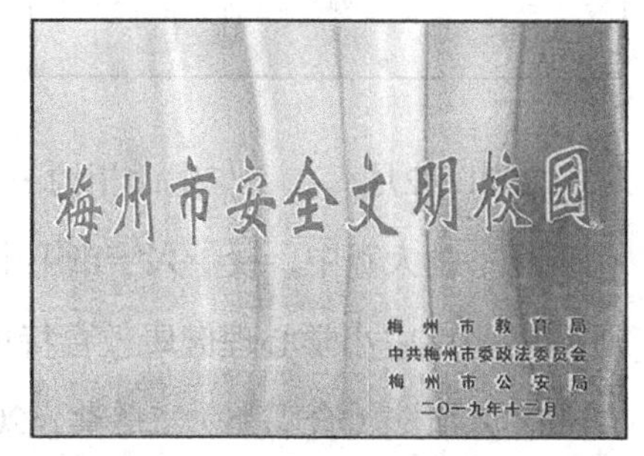

2020年3月，被评为广东省健康促进学校；2020年4月，被评为兴宁市三八红旗集体；2020年8月，被评为兴宁市教育工作先进集体；2020年12月，荣获2020年兴宁市第十届“中国体育彩票杯”少年儿童围棋比赛体育道德风尚奖、兴宁市“中国体育彩票杯”中小学生乒乓球比赛女子丙组团体第二名。

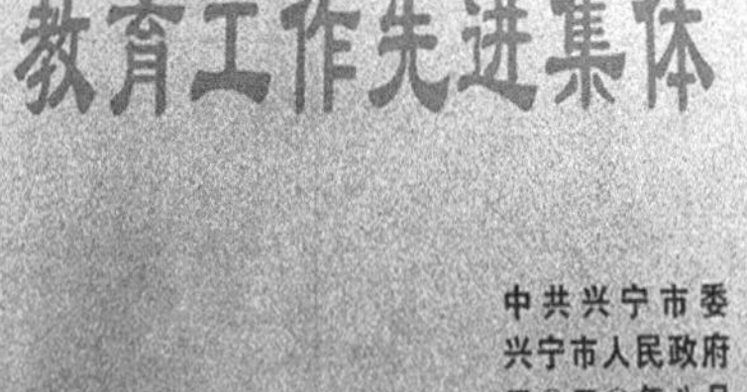


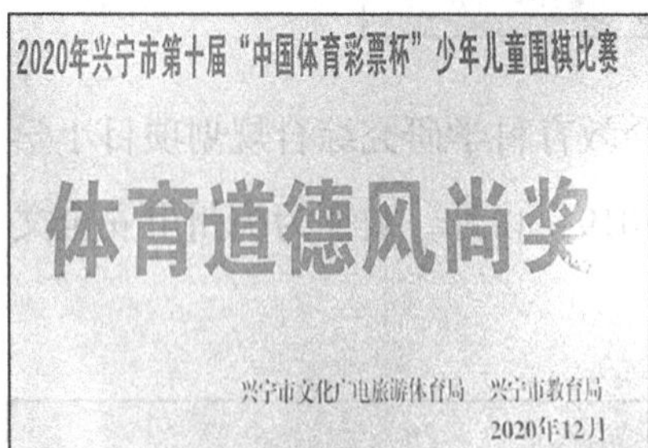


2021年2月，在“与生命相约·与环保同行”兴宁市第十二届中小学生现场书画大赛中，授予兴宁市第十小学优秀组织单位；2021年6月，被评为梅州市中小学心理健康教育特色学校和先进基层党组织，荣获中小学生文艺汇演（合唱类）二等奖；2021年7月，被评为广东省国际象棋特

色学校、广东省中小学教师校本研修示范培育学校；2021年8月，在2021年小学六年级毕业质量综合检测中，荣获“教学质量优秀奖”；2021年12月，兴宁市教育系统“互看互比互学”评比活动二等奖。

在“与生命相约·与环保同行”兴宁市第十二届中小学生现场书画大赛中，授予兴宁市第十小学
优秀组织单位
兴宁市教育局 兴宁市精神文明建设委员会办公室 共青团兴宁市委员会 兴宁市妇女联合会
二〇二一年二月

梅州市中小学
心理健康教育特色学校
梅州市教育局
2021年6月

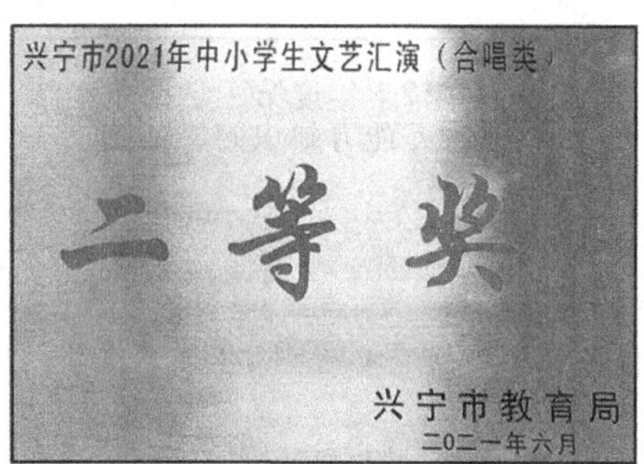

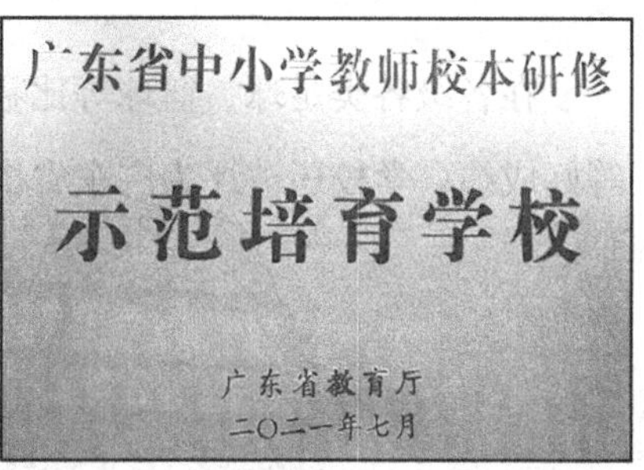


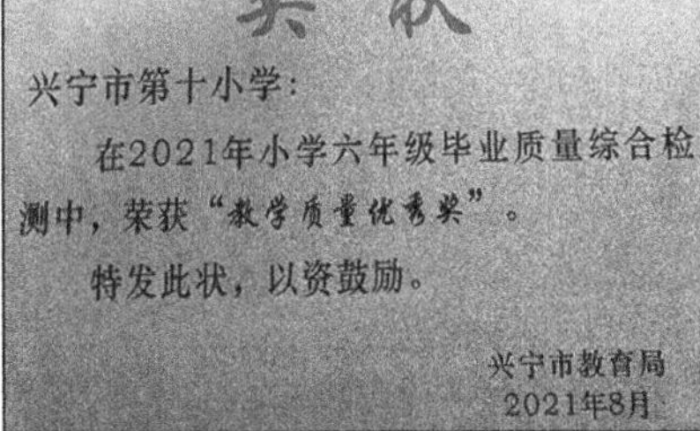

2022年2月，荣获兴宁市教育系统宣传工作先进集体二等奖，2021—2022学年度第一学期中小学核心素养能力知识问答活动先进单位；2022年3月，被评为兴宁市教育系统党建示范点。

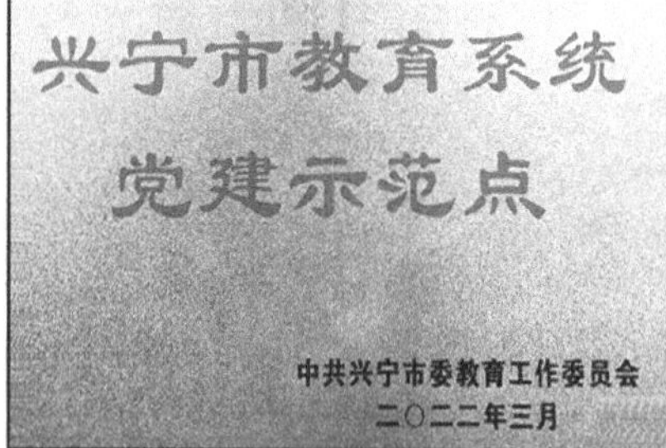


在各级各类足球、篮球等比赛中，学校均获得了“冠军”“亚军”等好成绩；学校还被评为广东省棋类特色学校。

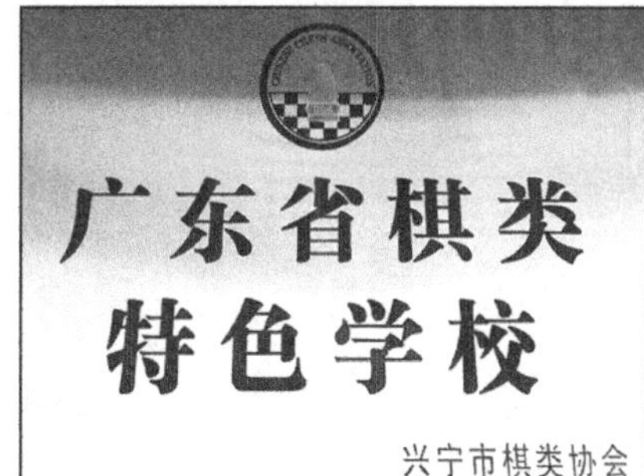
广东省棋类
特色学校
兴宁市棋类协会

# 第二章

# 幸福教师

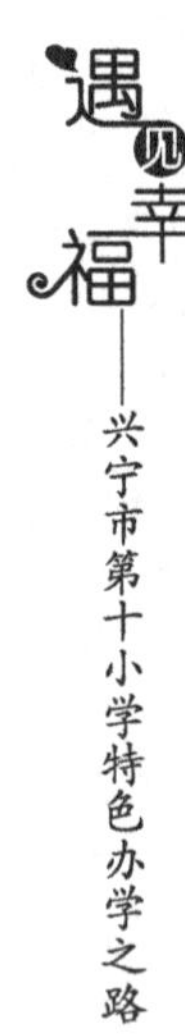


# 做最好的自己，建幸福的校园

梅州兴宁市第十小学　余贵珠

小学的教育难度比较大，处于学龄期的小朋友会有很多的好奇心，上课时的注意力不会保持很久，这让老师的教学课程缓慢，教学质量也会下降。但老师不是小孩子，本身的教育程度较高，接受过的知识也很多，所以，有时的想法会多种多样，不断提升自己，提高道德品质，对本身和工作都会带来很多的好处，做最好的自己，就是对自己最大的奖励，在之后授课时会减少很多焦虑的思绪，面对困难和工作中的问题时会有更多的解决方法。一个美好的校园是老师、学生、领导建立的，缺少了其中一个元素都是不完整的，不仅仅是老师和学生之间要融洽地相处，并且，老师与老师之间也需要良好的沟通，和谐相处就是建立幸福校园的第一步。

## 一、怎样是最好的自己

### 1. 最好的自己

俗话说，人无完人，并没有十全十美的人，但也要尽善尽美，处世之道，与人相处之道，都是在不断的学习中，学到老，活到老。那最好的自己定义是什么呢?

不被世俗牵绊，不被任何东西定义，这就是最好的自己；不因情绪波动祸及他人，对自己管理得体，这也是最好的自己。其中，对自我的管理是最重要的，不要求能够管理别人，但一定要管理好自己，比如，自己的健康管理，自己的经济管理，自己的情绪管理，都是身上极为重要的管理。对所做之事不后悔，在敢做的年纪里去做了想做的事情，可能当时的结果是坏的，但是在以后想起，就会觉得那时候的自己就是最好的自己，不会因为什么退缩，一如既往地坚持。无论现在是什么样子，从事什么职业，都不能回到过去，如今，能改变的就是当下，未来掌握在自己手中，不会被别人剥夺，过去的经历就成为回忆，处于校园教育者的角色，就是提高自我的最好场所，与单纯天真的孩子接触，褪去在外的一身骄傲，有自己的想法，自己的生活，不断完善自己。

每个人都会有优点和缺点，自己可能不会察觉到很多，但别人与我们的相处中就会感觉更仔细，往往不会发现自己的优缺点，去利用他们的优势找到更多生活存在形式，充分利用好优点，将它展现出来，让别人发现你的美，再弥补缺点，选择优点去学习，这会给自己带来很大的收获。有部分人不会喜欢你，甚至表现出一定程度的讨厌，这些行为都是不重要的，不能让所有人都喜欢你，你不是为他们活，自己怎样的状态最舒服就怎样做，不必去在意任何人的看法，不需要他们的认可，不需要他们的赞扬，做好自己，自己是怎样的一个人不是由别人评定的，做最好的自己，就放弃对这些问题的思考，浪费时间，只有自己对别人的思考，而不是他们思考你。

**2. 最好的状态**

教育者这个角色是带有色彩的，一度认为就是道德的存在，拥有很崇高的思想，也有博大胸怀，这并不是，都是人类，不会无时无刻地保持理智，但可以控制当下的思想和行为。授课过程中可能会发生纠纷，保持冷静的状态去解决问题，学校对老师的管理出于校园建立的发展，而最好的管理方法就是提高自己，达到与学校管理制度上的契合。最好的状态保持微笑拥抱每一天，诚实、勇敢是基础，也是中华民族传统美

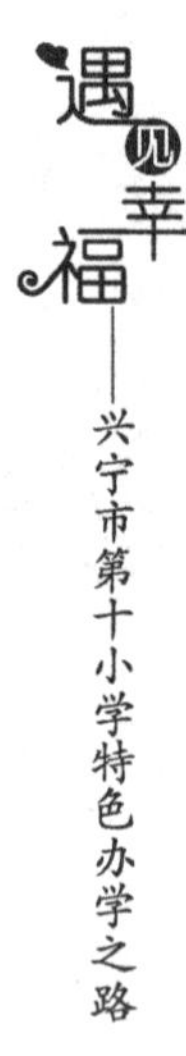

德，这是人与人之间沟通的桥梁，要有一颗勇敢的心去探索未知的世界，并与艰难险阻抗衡，只有这样才不会处于焦虑的状态中，寻求美好的生活。把握一件件小事的发生，积少成多，能给自己许多的感受，获得不同的经历路程，对自己的进步有认可，有一种不断进步的态度，努力地生活总会发生奇迹。

## 二、建立幸福校园

### 1. 合理的管理制度

学校的规章制度很多，包括思想教育、教学工作的管理、教务行政的管理、总务工作的管理。思想教育既是对学生的教育也是对老师的教育，老师的思想端正是首要的，作为教书育人的老师，有正确的思想观念是引导学生建立良好品德的基础，学校要做好老师的思想工作，开展教师思想教育的课程，发挥党员的作用，做好模范的准备；教学工作管理是重要内容，抓好教学组织工作、领导教研组的工作、督促检查和指导教学工作；教务行政的工作，是对教学工作中各部分的一个安排，比如招生、编排课表、学籍、成绩统计等；总务工作管理，是学校建设的工作，生活与财务方面。学校的机构分为两大块，一是学校行政和业务系统的组织机构，二是规模较大的组织机构，这些机构和组织的建立都是为了让学校的各项工作能够顺利开展。学校合理的管理制度是建设幸福校园的第一步。

### 2. 师生关系和人与人的相处

师生关系是能和护患关系相比的关系之一了，还是小学的校园，最难管理的是幼儿园和小学阶段的学生，他们正处于对世界充满探索的阶段，不会明白到教育对他们未来的影响，只会随着自己的心走，不想要的东西和需要的东西都会直接地说出来。授课过程中，课堂纪律不会很好地被老师控制，但也要保证学生能够知道自己所教授的课堂知识。课外对他们的好奇要进行解答，拉近与学生的距离，达到一种心灵上的契合，这会对课堂教学质量有一个提高，保持耐心、亲切的语言去和他们交流，让他们知道自己和他们站在统一战线，在小孩子的世界里，就是对他们很好的人，就会愿意和自己交谈，从而建立良好的师生关系。

人与人之间的相处，这里指的就是教师之间的相处，小学教育现状，不是主干科目的课程时间会被其他科目的老师霸占，这对老师之间的关系会有一定的影响，所以，在没有得到老师的同意之下，不能随意地霸占不是之间所授科目的时间，这在教育的改革中也强调过。不管是在与学生还是老师或者其他人的交谈中，都要面带微笑，给别人亲切感，仪表要得体，第一印象是极为重要的，做好自己本分的工作，刚踏入讲台时，很多事情都不熟练，需要时间慢慢去了解，在这期间，只需要做好自己岗位上的本职工作就好，这样不会给自己带来压力，也不会给别人带来麻烦。与同事之间逐渐熟络之后，可与其分享生活中的事情，倾诉心声，平时一起吃饭、聚会都可以，只要在一起是愉快的，就能一起分享好吃的东西，增进彼此感情。

## 三、做合格的教师，建立幸福校园

### 1. 做最好的自己，做合格的老师

首先，要做到对自己的重视，不断地提高完善自己，当位于教师这个岗位时，才能以最好的状态去教授学生。作为一个老师，对自己教授的课程要有足够的专业知识，在学习期间高度地关注专业知识，为之后的职业生涯打下基础，而对于教师这个行业，最重要的还是个人的道德品质，对职业的认同感。道德素养，这是对每一个老师的要求，在岗位上，忠于自己的事业，增加自己的职业认同感，做到忠于人民教育事业，依法执教，热爱工作，认真工作，廉洁从教，这也是做到最好的自己；丰富自己的教育经历，去到更多地方听名师的讲坛或者参与到学校组织以外的学习课程，丰富自己的知识，提高认知。其次，做一个合格的老师，应该热爱自己的学生，热爱是一个教师对职业的认同表现，做

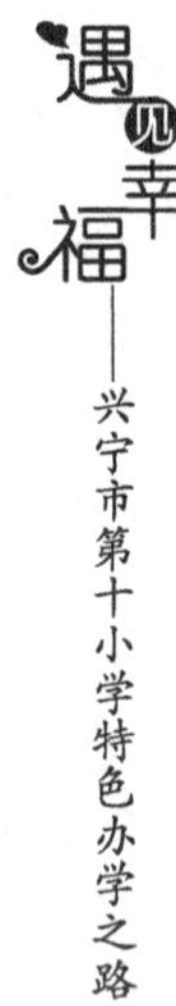


到全方位地去关心学生，小学生的世界还比较简单，这时的体贴和关心是引导他们的最好方法，同样，尊重他们、信任他们，严格地要求他们的学习态度，将严格和关爱结合，老师就是要燃烧自己去照亮他人，对待自己的学生更是如此；有团队合作的精神，不仅仅是学生之间要团结，老师也要有团结合作的精神，老师与老师之间要互相理解和支持，配合好教育工作的开展，弘扬优质品格，摒弃陋习。常说，为人师表，老师是学生的人生道路上的指向灯，学生都有向师性，在平时，老师具有示范的一个作用，所以，在教学上老师要严格地要求自己，传播正确的思想和理念，树立良好的形象。最后，在进行下一次授课之前要备好教案，方便在课堂上更好地传输知识。

**2. 创新思路，认真负责**

随着教育事业的不断改革，教师的思想和理念也应该创新。新时代大多是由新时代的人组成的，所以他们在思想和观念上和之前就有点不一样，并且小学生的思维更是跳跃，总是一个模板会让他们失去学习的兴趣，老师的教学方法应该多元化。在思想上，要接受当下的教育改革，随着变换自己的教育思想，寻找到符合当下教育的最好模式，努力地学习先进的教育理论，推进教育的发展，认真学习基础教育课程改革的教育理论；在以往的传统教学模式上更新教学的方法，采用新理念的思维去探索更多的教学模式，多元化的教学对小学生的吸收和学习会更加有效。

新课程的推出，以学生为主体，发展适合不同学生的学习方法，课程的设计要有趣生动，激发学生的学习兴趣，注重他们的全面发展，可以设计一些课堂互动，建立一种奖惩机制，对积极合作的学生有一个奖励，小组合作输的一方会受到一点小小的惩罚，还要善于观察学生的心理，他们各自拥有的特质，根据这些特质去对其正确地引导。认真负责的工作也是建立幸福校园的重要步骤。

## 四、结束语

建立幸福校园之前，要做好自己。清楚地知道自己是怎样的一个人，才能去完善自身，增加自己的信心，最好的自己在不断进步中，努力的脚步是不会停下的，离幸福的未来越来越近，对自己的评价要有客观性，不能盲目地认识自己，这样会给自己带来一种很迷茫的状态，保持最好的状态去探索未知的世界。和谐美好校园的建立，基于学校合理的管理，在师生关系融洽的氛围中，同事之间友好的相处中，都是对幸福校园的靠近，做到真实的自己，建设美好的校园环境，校园的大部分生活是属于老师和同学的，可以让校园成为老师的精神家园，建立幸福的校园。

参考文献


［1］冯章葆. 做最好的自己　品幸福的滋味［J］. 江苏教育研究：实践（B版），2014（1）.

［2］曾丽红，刘伟. 创智慧生态校园让每个人做最好的自己［J］. 中小学数字化教学，2019（1）.

［3］蜜桃. 购买幸福感是对自己最好的投资［J］. 深圳青年：创业版（上半月），2017（6）.


（原载《学生·家长·社会》2022年第5期）

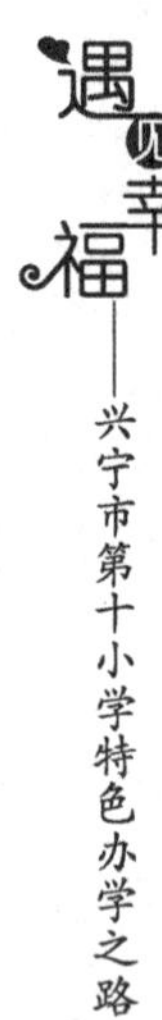


# 弘扬客家文化，构建幸福“十小”

梅州兴宁市第十小学　余贵珠

客家文化是中国传统文化的支脉，是客家人宝贵的精神财富和历史见证。在漫长的历史长河中，勤劳善良的客家人以自己的勇敢和聪明才智创造了丰富的、具有鲜明特色的客家文化，成为我国历史文化长河中一朵瑰丽的奇葩，绽放着璀璨的光芒。随着社会的发展，时间的推移，客家人也从世袭的聚居地走向了世界各地，一些传统的客家文化逐渐地被现代文化融合或替代，甚至被遗忘……

如何传承客家文化，发扬客家精神？位于“世界客都”——梅州的兴宁市第十小学义不容辞承担了“弘扬客家文化，传承客家精神”的重担。结合新时期学校教育教学的研究和实践，我们从多方入手，不断探索。如今，“弘扬客家文化，构建幸福十小”成为我们师生的共识，形成了我校的特色校园文化，实现了文化传承与教育提质的双赢发展。我主要从以下三个方面进行简短介绍。

## 一、营造耳濡目染的客家文化传承环境

具有鲜明特色的校园文化是学校可持续发展的动力之一，也是学校综合办学水平的重要体现，更是学校自身魅力与办学特色的体现。它不仅能陶冶师生的情操，同时对学生的成长也会起到潜移默化的作用。

它不但能够激发全校师生对学校教育目标的认同感和作为学校一员的使命感、归属感，同时还会形成强烈的向心力和凝聚力。为此，我校着力打造以客家文化为主的特色校园文化环境，着力营造浓厚的客家文化氛围，使师生能够耳濡目染，时时接受熏陶。

在学校的创新楼一楼架空层，学校精心布置和设计文化墙，重点介绍了我们客家文化的特征“耕读传家”。通过这一设计，学生们懂得勤劳和好学是我们客家人的优秀品质。而十大古民居的图文并茂的介绍，不仅让学生进一步了解客家民居的特点，更让学生对祖辈先人的智慧勤劳引以为豪。在这样的环境中，不断激发学生尊敬先辈，努力学习，奋发向上的求学精神。

在学校的尚文楼一楼架空层，学校布置了数个客家文化板，内容涵盖了客家的风土人情、客家人物、风景名胜、特产风味、传说故事、文化艺术等方方面面的民俗知识，这些充满浓郁的文化知识，使学生们感受到了客家文化的优美，这样的布置。这些文化板不仅为学生描述了客家文化特色的多样性，更营造了一种浓郁、厚实、具有客家特色的校园文化。

在校园各班级的教室外墙，我们重点布置了以客家歌谣为主题的墙面文化，让学生在课余时间能唱诵；还有校道两旁主题鲜明的客家文化宣传画、客家名人简介、名言、名诗、客家谚语、歇后语、客家小吃等；各班黑板报经常展出的学生有关客家文化的手抄报、书法、绘画等作品。这些使整个校园处处呈现了浓浓的客家文化传承的氛围。

## 二、开展丰富多彩的客家文化学习活动

自从提出“弘扬客家文化，构建幸福十小”的创建目标以来，全校紧紧围绕这一理念开展教学工作。在保障正常教学的情况下，学校不断组织各种客家文化知识学习活动，引导师生积极参与，从而迅速掀起了学习客家文化知识的热潮。

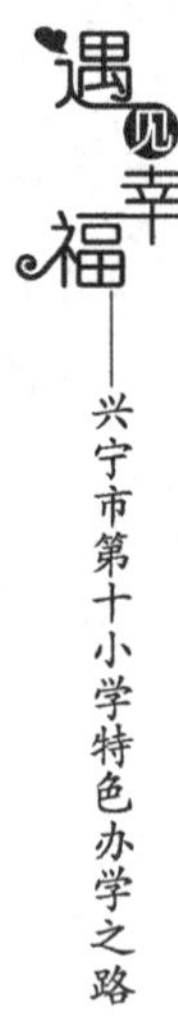


客家文化历史悠久，底蕴深厚。如何让孩子们领悟客家文化的精髓呢？我校以“客家系列”特色主题活动为载体，融学习、活动、实践、竞赛为一体进行学习。如在班会课、少先队主题活动课中开展客家名居、客家小吃、客家风俗、客家谚语、歇后语、客家名人等专题活动，使同学们从不同的角度感受客家文化的点点滴滴。

从讲述“客家人历史上的五次大迁徙”，到搜集“客家民系的种类”；从绘制“客家人的变迁图”，到“客家方言我会读”“客家民俗知多少”“客家民间文化大起底”；从“客家的历史名人传记”，到“客家老百姓的生活习惯”手抄报；从“客家人在海外的分布图”，到“近、现代客家人的历史贡献”；而对流传广泛的优美的客家山歌、童谣等，不少青年教师自己学会后还教给其他教师，学校更是组织了“我是客家人”的客家歌谣演唱会，得到了全校师生的好评。

组织这些活动，我们会根据孩子们的年龄，按不同学段，这样更有利于学生对客家文化“慢嚼细咽”“慢慢品味”，使学生们在丰富多彩的客家特色活动中充分领略客家文化丰富内涵。

## 三、开发系统全面的客家文化校本课程

客家文化知识丰富多彩，客家人具有吃苦耐劳、勤俭节约、勇于开拓、互相帮助、孝敬父母等优秀的品质，如何在校园教育中传承客家文化中的优良品德呢？我们采取了开发校本课程的做法，让文化传承与教育教学紧密结合，形成良性的循环。

迄今为止，我校开发了《十小十德》《十小十全》《客家山歌集》《客家童谣集》《客家风景名胜导游词》《客家美食简介》等十余本校本课程教材。校本课程的开发不但从客家学的角度分析、研究客家文化的源流和文化底蕴，从风土人情、客家人物、特产风味、传说故事、文化艺术等方面对客家文化进行全面细致的介绍，以丰富的史料为依据，对一些历史事件进行分析和整理，使内容更符合小学生阅读的需要，让

他们从教材中便可以体会客家民系、客家文化的生成和源流。教材中，各篇都有独立性，但同时也具有相互关联性，我们就是通过这种由点到面的方式将一个个细小的环节进行串联，汇编成网，在学生心中一点点描绘出客家文化的整体形象。

客家山歌和童谣的校本课程开发，是我校校园文化特色建设的重点。客家山歌被称为有《诗经》遗风的天籁之音，自唐代始，已有一千多年的历史。客家山歌一般由民间口头传承，2006年被国务院批准列入第一批国家非物质文化遗产名录。客家山歌及其活动形式是客家文化的重要组成内容，而且属于最具特色、最为精彩的那一部分。保护客家山歌对于保存客家文化具有重要意义。现传唱客家山歌的人绝大多数是中老年人，客家年轻人几乎都不会唱客家山歌，学生能唱的也是寥寥无几。把客家文化中的瑰宝传唱下去，保护好我们国家的非物质文化遗产，学校显然是最佳的“主阵地”。我校从2015年开始实施“客家山歌进课堂”活动，学校通过聘请山歌大师培训师生，老师在音乐课中对学生进行教唱，举办山歌幼苗培训班、艺术节、山歌擂台赛等活动激发学生学唱客家山歌的热情。现在，我校的学生100%能唱一至两首客家山歌，有一些学生参与了“客商联谊会”“客家艺术节”的演出。事实证明，我校的“客家山歌进校园”活动具有很强的推广价值和可操作性，它既是弘扬客家文化的需要，也是保护我国非物质文化遗产的有效手段，更是用传统文化熏陶学生艺术情操的重要方式之一。

传承客家文化，弘扬客家精神是我们的共识，更是我们的责任，保护和发扬客家文化任重而道远。我们有决心在社会、学校、家长的积极参与和高度重视下，将基础教育做好、做实，在此基础上将客家文化做好传承，同时也希望有更多的学校参与进来，让客家文化发扬光大。

（原载《教育部语言文字报社》2017 年 5 月）

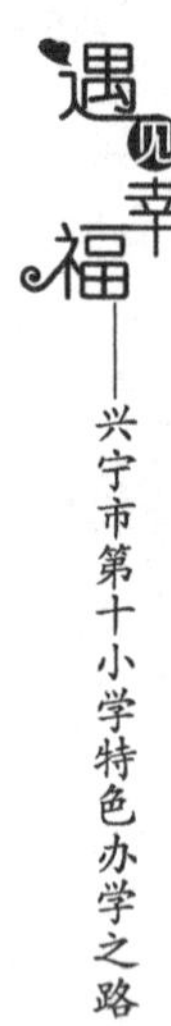


# 小学教育教学管理须以人为本

梅州兴宁市第十小学　余贵珠

在我国教育事业不断发展的过程中，很多教育工作者已逐渐认识到教学管理工作的重要性和必要性，并已引起了广泛的关注。

很多小学教育管理工作偏于传统的管理方式和理念，已略显滞后。为了改变这种现状，我们需要改变一些传统的教学管理观念，采用“以人为本”的教育教学管理方式，促进小学教育水平的提升。

现阶段，小学教育均属于义务教育的范畴，国家要求所有健康的适龄儿童必须接受九年制义务教育，并进行了立法。这既是国家对儿童的负责，更是对未成年人受教育权的尊重和保护，同时也对小学教育质量和教育管理质量提出了更高的要求。

从教育管理观念的角度看，很多学校都过于看重教学中的专业性知识和内容，而忽视了对学生创新能力的培养；在开展教学管理或组织集体活动的过程中，过于注重集体性、统一性，忽略了民主性管理的要求；过于看重教学成绩和成果，过于关注学生每一门学科的具体分数，进而严重忽略学生在学习过程中凸显的学生质量及心理感受，严重抑制了学生学习潜力的发展。

在小学学校管理工作中，以人为本理念中的“人”是多元的，包括广大教职工和学生，以人为本就是充分调动师生的积极性和主动性，促使师生获得不断发展。小学学校以人为本首先应以学生为本，遵循小学生身心规律和个性差异，尊重、理解小学生，促进学生全面发展。其次，教师作为小学学校的工作人员，在学校管理中有着非常重要的作用，他们既是学校主体，又是学校教育工作的“领航员”，以人为本表现为尊重教师，注重教师的发展，提高教师素养，让教师发挥聪明才干、完成学校教育任务。我校积极提高学生素质，扎实推进学生德育工作，结合不同年级学生的身心特点，对学生开展行为规范教育，增强学生主人翁意识，培养学生健全人格，利用重要节假日，积极开展各类活动，对学生开展德育，促进学生全面发展。

我校狠抓师资队伍建设工作，促进课堂教学的改革与创新，推进学校课堂教学的精细化管理与实施，加强对教师队伍辅导和培训，促进教师队伍专业化成长。我校领导班子努力塑造团结勤奋形象，积极为广大师生服务，塑造敬业勤勉育人形象，实现学校教书育人和服务目的。

小学教师需要明确受教育者和教育者是处在相同的地位上的，在教育教学管理过程中，需要采取民主化的决策，应用情感教育方式，关注学生的身心健康。关爱和尊重学生，理解学生在生活学习中的困难，避免泄漏或者打听学生的隐私，重视学生的劳动成果，充分尊重他们的人格尊严。要遵循平等民主的原则，如果学生犯了错误，尽量避免在公共场合进行教育批评，让学生体会到来自教师的关怀和尊重。同时，教师需要营造积极的班级气氛，鼓励学生表达自己的见解和意见。例如，教师可以利用课外时间，设立一个“周周谈”活动，让学生在同学面前表达自己的看法，并且给予犯错误的学生一些机会，教师需要重视对学生的引导和观察，与学生及时地处理和沟通看法和意见。同时，教师需要积极地表扬学生的闪光点，让学生充满自信，体会到被认可的满足感。在期末考试或者小考试的评价中，教师可以扩大“三好学生”的评价标准，把生活和日常学习中具体的学生进步加入标准中，进而向家长反馈学生的进步。通过应用“以人为本”的教育模式，缩短学生和教师之间的距离，提升教育教学管理效果。

总之，以人为本的学校管理是教育单位、组织机构从事各项实践工作、塑造人才的根本保证。我们只有全面由人的核心需求入手，互相理解、全面尊重、温暖人心、凝聚核心力量，良好地教育人、引导人，优化教学管理、学校建设，激发教师工作积极性，学生学习热情，方能发挥主观能动作用。尤其是校园环境，对学生而言是长时间学习和进行课外活动的场所，充满人文关怀的校园环境给学生提供了宽松、自由的空间，有益于学生高尚情操的培养，让学生实现稳步持续的发展。

（原载《语言文字报》2017 年 5 月）

# “互联网+”背景下儿童文学阅读的探索

梅州兴宁市第十小学　余贵珠

## 一、引言

在儿童的教育中，儿童阅读对儿童精神的成长占了很重要的部分，要加强儿童的课外阅读，就需要培养他们的阅读兴趣。通过不同的阅读方式，激发儿童的阅读兴趣，提高阅读的积极性，同时促成其养成良好的阅读习惯，使阅读成为日常习惯。随着互联网时代的到来，借助“互联网+”的力量来引导学生阅读，提高学生的读能力，培养和提升学生对阅读文学作品的态度、兴趣、习惯和鉴赏的能力，开发学生的思维能力、想象能力、创造能力以及审美能力，扩展学生的视野，促进学生的全面发展，使学生在互联网环境下，从儿童文学作品阅读中获得对自然、社会、人生的有益启示。

## 二、“互联网 +”背景下儿童的阅读方式

在“互联网+”的时代背景下，人们的生活方式和工作方式都发生了潜移默化的改变。同时，学生的阅读方式也发生了巨大的变化，教师可以充分利用网上资源，通过电子图书、微博、微信等形式推荐儿童文学读物给学生，为学生打开更广阔的文学阅读空间和时间，激发他们的阅读兴趣。

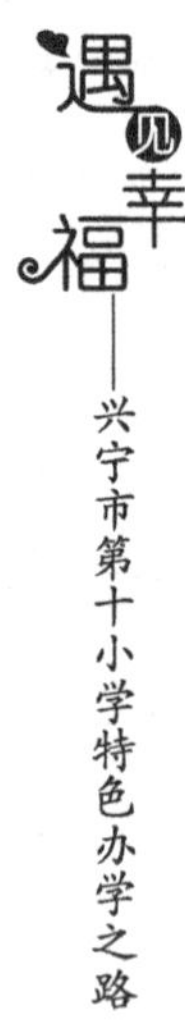


"互联网+"的出现让学生可以掌握阅读自主权，赋予学生更多的自主阅读权利，让每一位学生可根据自己的特点，从互联网上自由选择适合自己的学习资源及学习方式，使学生进入完全自主学习的状态。学生掌握阅读自主权，不仅能学习到更大范围的东西，还能够在网上发表自己的评论或与作者进行对话交流，使他们更直接、更迅速、更有效地走进儿童文学作品的创作过程，促进儿童阅读兴趣的发展。另外，新媒体的不断发展给文学写作和传播提供了方便、快捷的途径，使学生获得更多参与文学创作与阅读的机会。

"互联网+"儿童文学阅读方式适应了如今儿童的阅读习惯，同时可以让儿童的阅读扩展到生活、社区、社会等更大的区域中，其主要方式有：

**（一）建立电子书库**

目前，小学的学生已经具备了一些操作电子设备的能力，可以结合纸质版的图书角方式建立电子书库。电子书库的借阅方式，使学生的阅读不必受时空和区域的限制，其阅读方式和范围也不再局限于纸质版的几本书上，学生还可以自己上传图书和下载图书，这样不仅可以读到大量的书，又可以丰富电子书库，调动起学生的阅读兴趣和积极性，满足学生的阅读需求，促使学生养成良好的阅读习惯。

**（二）有声阅读**

"互联网+"时代下的阅读方式多种多样，随着新媒体的出现，有声阅读也深入到人们的阅读中，为学生的阅读提供了很大的方便，并且特别适合低年级学生。

由于低年级学生识字不多，增加了他们的阅读困难。有声阅读可以弥补低年级学生识字量的不足，声音的传递帮助他们达到阅读的效果。例如喜马拉雅、荔枝等有声阅读平台的出现，学生可以随时搜索自己喜欢的文章和文学进行收听，满足学生对阅读的需求。有声阅读通过声音可以充分展开学生的想象力，使学生体会到书中人物的语言色彩，感受到阅读的乐趣，提升学生的思维能力。

## 三、“互联网+”背景下儿童文学阅读的策略

### （一）激发学生对儿童文学的阅读兴趣，培养学生自主阅读的能力

很多学生在选书上有很大的困扰，通常都是家长或教师推荐哪些书他们就看哪些书，没有自主选择的能力。因此，激发学生的阅读兴趣，培养学生自主选书的能力，使学生能够根据自己的兴趣爱好选择喜欢的书，成为阅读的主导者是很有必要的。

（1）组织成立儿童文学阅读兴趣小组。从各个班级中选出爱好儿童文学的积极分子，组成学校儿童文学阅读小组，由专人负责，通过以点带面的方式，推动全校的儿童文学阅读。

（2）建立班级儿童文学图书角。由班主任或班干部组织，投入一部分班费，或者班级每名同学捐一两册儿童文学书籍与同学分享，聚少成多，建设班级图书角。既可在班级营造一种阅读氛围，又解决了学生无书可读的困难。

（3）开展儿童文学作品阅读竞赛活动。由教务处、语文教研组或少先队大队部组织开展各种形式的儿童文学作品阅读竞赛活动，既可活跃校园文化生活，又能提高广大学生阅读儿童文学作品的兴趣，从而达到教育教学的目的。

（4）开展儿童文学的征文活动。这是一种更高层次的阅读，是阅读活动的最高目标。由读到写，把学生对儿童文学作品的阅读引向深入。儿童文学创作征文评比后，将获奖作品或优秀作品刊登在校刊上，让学生看到自己的学习成果，激发学生学习的最大潜能。

（5）带动家长参与学生阅读。对于学生，他们的识字量还比较少，可以通过与家长一起阅读培养自主阅读的能力，通过与家长“比赛”阅读的形式激发学生的阅读兴趣和阅读速度，享受阅读的过程。

（6）利用网络阅读平台，调动起学生阅读的积极性和兴趣。教师

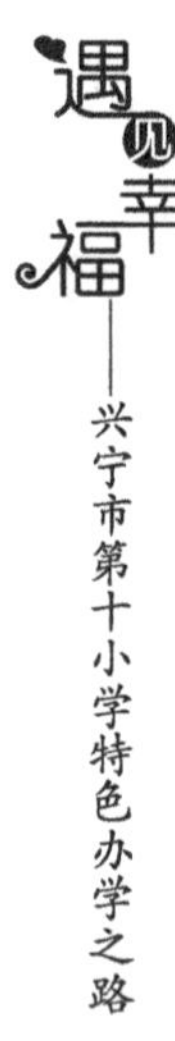

可以通过阅读平台发布任务和阅读计划，创建网上签到模式，登记借还书情况，闯关答题等方式吸引学生，在网络阅读平台上多与学生交流互动，这样既拉近了学生与教师的距离，又可以提高学生的阅读积极性。

**（二）创建良好的“互联网+”阅读环境**

良好的阅读环境对孩子的阅读兴趣和阅读习惯的养成也是至关重要的。在多媒体时代下，互联网上的信息繁多杂乱，良莠不齐。网络阅读无限性的视野使学生容易接触到一些不良的网络信息，又由于学生的思想、思维还都不成熟，判断能力和辨别能力欠缺，模仿能力比较强，他们容易不分行为的好坏就去模仿学习，从而对儿童的成长也有影响，所以营造良好的阅读环境非常重要。如今，国家很注重儿童阅读平台内容的发布，严控把握儿童阅读平台文章和书集的推出，使学生在一个良好的阅读环境中学习到有营养有质量的东西。

## 四、总结

随着网络时代的不断发展，“互联网+”迅速进入到人们的生活中。互联网所带来的网络阅读方式也成了学生阅读文学的重要途径。“互联网+”与儿童文学阅读的结合，可大大提高学生的阅读兴趣，有助于学生的课外阅读。笔者所在校对“互联网+”背景下儿童文学阅读进行了一系列的尝试和探索，获得了一些成果，也积累了一些经验。但我们也同时注意到网络不良信息的传播给学生成长带来不容忽视的问题。良好信息的传播、正确信息的发布等都是阅读平台需要严格把控的，这仅仅通过学校的力量是不够的。

我们会继续运用“互联网+”的思维模式对儿童的文学阅读发展进行更加深入的探究，努力为学生打造一个良好的阅读环境，使学生形成自主阅读的能力，培养学生正确的阅读习惯，为学生的终身发展打下良好的基础。

**参考文献**

[1] 刘吉才. 浅谈“互联网+”背景下的阅读教学［J］. 课程教学研究，2016（1）.

[2] 付梅，刘娟，葛明贵. 新媒体时代阅读方式的转变与大学生阅读［J］，安徽工业大学学报（社会科学版），2010，27（2）.

（原载《教育信息技术》2018 年第 4 期）

# 应用现代教育技术促进小学德育工作开展的研究

梅州兴宁市第十小学　余贵珠

近年来，我国的现代教育技术越来越受关注，国家也投入了相当大的财力物力。现代教育工作很好地调动了学生在视觉、听觉等多方面的感知能力，更好地适应社会的发展，让教育更加的生动形象，丰富教学内容，有利于培养学生自主、合作的学习能力。现代教育技术在小学德育工作的应用，最终目标就是在原有的基础上不断地创新及与时俱进，努力构建一个新世纪小学德育工作的良好环境。

## 一、现代教育技术的相关研究

现代教育技术，顾名思义就是在教育技术中加入了现代元素，体现着科技性和时代性。总而言之，就是在教育教学中以计算机为核心，运用现代教育理论对教学及资源进行全面的发展。现代教育更多的知识是从课本之外获取的，让课本的知识“动”起来，让学生多方面地感知，从而增强学生的记忆。此外，现代教育技术更多的是自主学习，相互合作，极大限度地体现了学习的自主性。现代技术结合人类认知及记忆的规律，真正地做到因材施教，按着每个同学的实际情况安排学习任务，实现学生在短时间内强化和巩固知识。

## 二、小学德育的现状分析

### 1. 现代社会的开放性与教育的封闭性

现代社会是开放的社会。而目前小学德育一个突出的特点是封闭性。第一方面表现在以学校教育来阻止外界信息的干扰和消极影响。学生在学校里接受一套，在社会中又接受另一套行为方式，始终在相互矛盾中成长，这对于他们品格的健全甚至是心理的健康是很不利的。第二方面是学校德育的理想化，即我们只讲处理理想与现实，集体与个人等复杂关系的原则，对于人性的关注不够，抛开自尊、自信、个人利益避而不谈，缺少从每个人个性的发展、个人的实际、个体的智能、性格特点出发进行培养引导。第三方面注重树立伟大人物的正面典型。我们忽视了社会主义建设时期律师、有作为的商人、德艺双馨的文艺工作者等现代社会的优秀人物形象，同时忽视了对反面例子的剖析和对错误观点的认识。

### 2. 信息传递的多样化与教育的单一性

多渠道的传播媒体，小学生获取的信息来自四面八方，纷繁复杂，这势必对学校德育产生激烈的冲击。而家长往往只看重孩子的学习成绩、获得技能的多少，对于受到学校重视的德育不感兴趣。现在的孩子普遍都是独生子女，相当一部分家长对子女溺爱，使他们养成了养尊处优的态度，同时社会受各种文化的影响和冲击，赌博游戏机、打斗音像片到处泛滥，这直接给学校德育带来了严重的负面冲击。

## 三、现代教育技术在小学德育工作的开展

### 1. 创新德育管理模式

现代教育技术的应用，能够使小学德育工作更加信息化、现代化，在德育工作中建立德育电子档案，规范德育教育管理。在建立德育电子

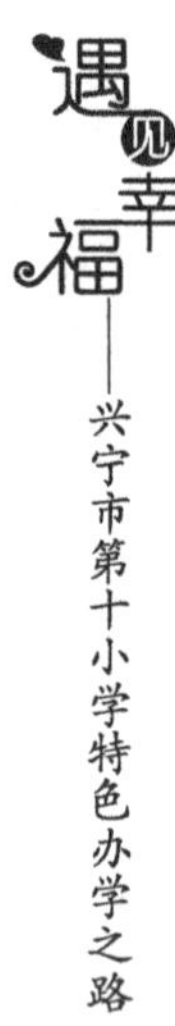

档案时应遵循系统性、历史性、规范性原则。在小学德育工作中，充分发挥信息技术作用，引入并应用德育软件，利用德育软件来优化德育评价。通常德育软件具有即时性、简便性、快捷性、科学性、连贯性、安全性等优点。此外，运用现代教育技术还可实现班级德育管理的信息化和网络化，如创建班级博客、班级群等，创新班级管理方式，丰富师生沟通交流途径。

2. 搭建德育工作平台

将互联网技术引入到小学德育教育中是现代教育技术应用的重要形式，网络能够丰富德育教育方式，通过搭建德育工作平台来实现德育工作的网络化。一是建设德育网站，通常包括政府德育网站、德育专题网站、校园德育网页等。二是建设德育论坛、空间、公众号等，丰富校园网站的德育教育资源。三是构建数字图书馆，指导学生课外阅读，通过阅读来实现德育教育的隐性教育。数字图书馆通常具有以下几种优势，比如为师生提供更为充分的信息，能够随时随地地为师生提供所需信息，能够快捷、方便地为师生提供所需信息。此外，数字图书馆还能够利用网络资源，极大地扩展师生所需的信息资源范围。

3. 拓宽德育教育活动途径

依托互联网信息技术的现代教育技术拓宽了小学德育教育活动的途径，能够给小学德育教育工作提供更丰富、更灵活、更多元化的形式和内容。为提高小学德育教育的课堂教学效率，可利用现代教育技术创设多媒体教学情境，将德育故事、音频、视频、图片等通过多媒体的形式展现给学生，增加德育教育展现形式的直观化，进而激发小学生的学习兴趣。教师可利用多媒体技术开展主题丰富的德育教育活动，利用互联网创设德育教育虚拟社区，开展日常生活化的德育教育活动。此外，教师还可充分发挥校园网站的优势作用，开展各类型德育竞赛活动，让学生在竞赛活动中提高德育意识。针对小学生常见的心理问题，教师依托校园网开设网络心理咨询室，提高小学生心理健康教育效率。

#### 4. 建设家校沟通桥梁

小学德育教育工作并非仅仅是学校自身的责任，而是需要家庭的大力配合，构建“学校—家庭”综合式教育体系。在德育教育工作中，家校合作与家校沟通有着千丝万缕的关系，为了最大限度地提升德育教育工作的效率，家校之间需要搭建顺畅的沟通路径，现代教育技术则在此可发挥重要的作用。在现代教育技术应用条件下，小学德育教育工作中，学校与家长的沟通方式可归纳为数字信号类沟通与移动—数字信号类沟通两类。其中数字信号类沟通方式可采取网络即时通信（QQ、微信）、论坛与博客、微博、公众平台、电子邮件等，移动—数字信号类沟通可采取校讯通、飞信、短信、电话等。

总之，现代教育技术的参与，把原有的教育内容变得有声有色，富有感染力，既丰富了学生的知识，引导学生通过自己的思考来提高认识，同时可以唤起学生高尚的情感，从而影响并形成他们真、善、美的德行和品格。

**参考文献**

[1] 汪宗蓉. 信息技术在小学德育教育中的应用研究 [J]. 小学科学（教师版），2015（10）.

[2] 邵振飞，孙丽萍. 小学德育教育中现代教育技术的应用分析 [J]. 中国校外教育（上旬刊），2017（2）.

（原载《教育现代化》2017 年第 17 期）

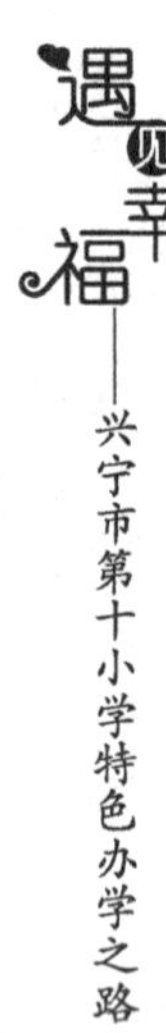


# 探究在小学素质教育中如何激励学生

梅州兴宁市第十小学　余贵珠

社会经济的繁荣发展，农村留守儿童不断增多，家庭教育管理的缺失，整个社会大环境的影响，很多学生学习动力减弱。具体表现为学习无兴趣，生活无规律，人生无目标，动力危机严重地影响和制约了学生的健康发展，动力是激励成功的最主要因素，动力越强的人，学习愿望越强，积极性越高，人际关系越好，发展机会越多，也就越容易获得成功。让激励成为教师的教学技巧，帮助学生树立信心，发挥潜能，健康发展，是教师化解学生学习动力危机的当务之急，也是有效提升素质教育的灵丹妙药。

## 一、激励是种以人为本的教育理念

有效的激励能够激发潜能，造就天才。奥地利心理学家弗洛伊德的潜意识学说告诉我们，每个人的体内都蕴藏着巨大的潜能，一旦这些潜能被激发，将会产生大的能量，成就神奇的一生。2012年8月的伦敦奥运会上，16岁的中国游泳健儿叶诗文，两次打破世界纪录获得400米和200米女子混合泳冠军，成为奥运会混合泳双冠王。“你要认真训练，只要身体方面不出意外，你一定可以参加奥运会。”在谈到成功的原因时。叶诗文曾说：“也许魏教练早就忘了10年前曾经对我说过的这句话，但它却已经在我心中播撒下了奥运的火种。”谁也不会想到，10年来，启蒙教练的一句话，会让叶诗文义无反顾地选择了游泳这条道路，也正是这句话，在她遇到困难和挫折动摇的时候，给她以鼓舞，激励着叶诗文不断地超越自己，刷新纪录，创造奇迹。是的，每个孩子都可能是天才，关键在于能否将其潜能激发，将潜能转化为显能，培养为才能。

激励是一种以人为本的教育理念，是实施素质教育的有效手段。实施素质教育，是国家科教兴国的战略发展需要，也是每一个学生个体自身发展的需要。作为教师，只有准确理解素质教育的内涵，充分了解学生的发展需要，才能真正实现学生全面发展，健康发展，持续发展的教育目标。激励，作为一种积极的心理刺激方法，既能唤醒人的发展需要，又能激发行为的主动性、积极性和创造性，进而达到激发潜能，培养人才的目的。激励教学，它以学生发展为中心，强调的是关注每一位学生，关注学生的每一次进步，关注教学过程中的每一个细节，用赏识的眼光看待学生表现，用积极的态度面对学生问题，用发展的思维鼓励学生进步，具体来说，就是要创造一切机会肯定学生、表扬学生、鼓励学生，让学生在一种积极和谐的氛围中愉快学习，自主学习，主动发展。

## 二、激励是一种灵活有效的教学方法教学有法

教学有法，教无定法，贵在得法。新课标提倡自主、合作、探究的学习方式，提倡民主、开放、创新的课堂教学。教师不论选择何种学习方法，不论呈现何种课堂特色，都可以灵活运用激励的教学方法。如果说一把钥匙开一把锁，而激励就是教师帮助学生开启成功之门的万能钥匙。激励的方法有很多：语言激励、目标激励、过程激励、活动激励、成果激励、奖惩激励……我们可以根据学生年龄的特点、教学任务和学生发展的需要，在教学过程中灵活运用激励。根据小学生好胜心强的特

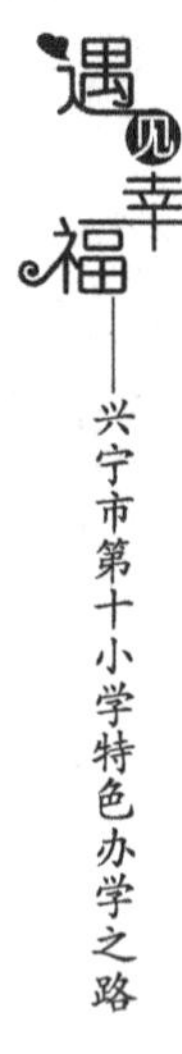

点，可以通过竞赛活动调动学生学习兴趣，激发学生的潜能；在学习过程中，可以通过运用激励性的教学语言，对学生的学习进行肯定、表扬、鼓励，向学生传递一种期望与信任，以满足学生心理需要，从而激发学生的学习动力；运用成果展示激励，能够让学生体验成功的喜悦，从而培养学生自信心，强化学生学习的动力。事实证明，课前预习的目标激励，课堂教学中的过程激励，课后作业的评价激励，都可以成为提高学生学习效率的制胜法宝。

## 三、激励是一种积极和谐的教学艺术

德国师范教育之父第斯多惠曾说过：“教学艺术的本质不在于传授本领，而在于善于唤醒、激励和鼓舞。”激励并不是一种高不可攀的学问，而是每一位教师经过学习训练就可以掌握的一项技能，是一种积极和谐的教学艺术。激励的积极性能激发学生上进，激励的灵活性能满足学生个性发展需要，激励的创造性能实现教学双赢，激励的艺术性能愉悦学生情感。优秀的教师总是能在教学中巧妙地激励学生，激活课堂，让学生“如淋春雨”“如沐春风”，达到“润物细无声”“天然巧雕琢”的效果。看看全国著名语文特级教师，情智语文创始人孙双金老师，在《天游峰的扫路人》的朗读训练中，是如何激励学生的。

“我抬头望了望在暮色中顶天立地的天游峰，上山九百多级，下山九百多级，一上一下一千八百多级。……我不禁倒抽了一口冷气。”

一名学生朗读得很流利，但没有感情。

师：“读得真流利，声音响亮，口齿清楚，而且没有一个字读错。如果你能读得让我感到天游峰台阶多，爬起来累那就更好了。”

又一学生读。

师：“你的声色真好听！我建议你今后去当个播音员。来，未来的播音员，握个手。”

又一学生读。

当学生读到“一千八百多级”的时候，孙老师在一旁仰天长望，并倒抽一口冷气。学生都笑了。

师：“这天游峰可真高啊！爬天游峰可真累啊！”

在课堂教学中，教师说的一句话，做的一件事，甚至于一个眼神、一个微笑、一个动作都能成为激发学生潜能的神奇力量，成为学生学习的动力。孙老师在短短几分钟的朗读指导中，既有具体的点评，又有真诚的建议，更多的是对学生的肯定和鼓励。真诚地微笑，点点头，拍拍肩，握握手，这些细节，无不渗透着老师对学生特别的鼓励关爱。在这样一个民主和谐的教学氛围中，学生的自信、自尊、自我，自然会得以充分的展示。如此可见，激励的教学语言可以成为师生有效沟通的纽带，也可以成为打造完美课堂的黏合剂。

## 四、激励是一种学生主动发展的动力

卡耐基说：“天底下只有一种方法可以影响他人，就是提出他们的需要，并让他们知道怎样去获得。”在教育教学实践中，激励可以唤醒学生需要，满足学生需要，还可以实现学生发展的目标。现在的学生不是缺乏智力，而是缺乏动力，现在的学生不是缺少精力，而是缺乏毅力。目标是行动的指南，激励是行动的助推器。换一句话说，一个人只要明确目标的意义和价值，对他有着足够的吸引力，能够满足他的某种需要，他就愿意全力以赴为那个目标而努力，即使过程曲折艰辛，他也会乐此不疲。“给我一个支点，我能撬动整个地球。”其实，每一个人都有撬动地球的潜能，而激励，就是帮助学生找到人生支点的最佳方法。

激励教学，就是要求教师在教学过程中，通过正确的激励方法手段，不断给学生选择目标的机会，激发学生学习的持续动力，让学生在努力实现目标过程中主动发展。在目标激励教学中，教师预设目标，学生明确目标是非常关键的环节，既要能完成教学目标，又要能满足学生发展需要，从而实现教学双赢。如在教学中举行“争当小明星，快乐在进行”的活动就能对学生达到很好的激励效果。你可以从课前准备、上课表现、作业完成等各方面和学生达成协议，达到要求的学生奖励一颗星、达到一定数量后可以奖励一朵红花，一面红旗。红星、红花、红旗均可根据学生兴趣需要兑换实物。当然，这个奖励还可以是因人而异的个性化奖励。可以奖励一支笔、一本笔记本、一本书……也可以奖励减少作业数量，也可以是享有优先选择活动、优先抽奖的机会。只要能够激发学生的学习兴趣，能够促进学生学习的积极性，能够引导学生往正确的方向发展，就可以创造条件满足学生的需要。

人人渴望成功，人人需要激励，激励是每个人走向成功的动力来源。激励应用于教学，是一种以人为本的教学理念，是一种灵活有效的教学方法，是一种积极和谐的教学艺术，是学生主动发展的动力。愿每一位教师，都能够树立激励的思想，让激励成为一种教学技巧，让激励成为学生学习动力，为小学素质教育注入更多活力和动力。

（原载《广东教学报》2015 年第 2349 期）

# 如何培养学生的自主阅读能力

梅州兴宁市第十小学　余贵珠

小学语文新课程标准指出：培养学生自主阅读能力，学生可以拓展自己的视野、提出自己的看法和疑问、做出自己的评价、说出自己的体验。学生通过增强自主阅读能力，会提高自己的欣赏品位和审美情趣，搜集自己需要的信息和资料，制订自己的阅读计划。正因为如此，我在多年的语文教学中十分重视对学生自主阅读能力的培养，并取得了较好的效果。

第一，培养学生自主阅读能力，要先让学生在自主学习中感受到学习习惯的快乐，激发他们自主阅读的兴趣。

兴趣是最好的老师。为了让学生在乐中得趣，在阅读教学中，我先让学生充分地读，主动地读，再引导学生感受文中的“美”。这让学生有积极的思维活动和情感体验，加深理解感悟，不断积累语言文字，感受作者语言的优美；这使学生自己从内心深处受到熏陶，获得思想上的启迪，享受到生活的美、文学的美。例如在教学《凡卡》一文时我让学生通过充分的朗读，体验到沙俄旧社会的残酷，新中国生活的幸福美好，让他们通过读对凡卡产生同情、对沙俄政府产生憎恶感，通过读使学生深深地认识到凡卡梦醒之后会发生怎样的情况，他必须面对冷冰冰的现实，通过对课文朗读，使学生知道朗读是快乐的、愉快的，它可以使你对人、对事、对社会、对世界有更深的认识、更多的了解、更深的感受。

第二，培养自主阅读能力，要不断地引导学生确定适合自己完成的学习目标，促使学生思维的进一步发展。

如在教学《手术台就是阵地》一文时，我要求学生先自己为自己确定学习目标。一开始，很多学生的学习目标只确定在能正确流利有感情地朗读课文和学会生字词上。为了引导学生在此基础上要有更高的学习目标，我把学生们的提问进行了归纳并向他们提出：课文主要讲了什么？表达了作者怎样的思想感情？白求恩是个怎样的人？他做手术时表现得怎样？在我的心目中他是什么样的？我想对他说什么？……这样，学生在解决这些问题的同时，实际上也就在不断地完成一个一个更高的学习目标，对他们的思维的训练也就加强了。

第三，培养自主阅读能力还要重视教给学生如何选择良好的学习方式。

由于学生个体的不同，他们的生活经验和语文基础也有所差异，因此选择学习的方式也有差异。这就要求教师要发挥主导作用，使学生的主体作用充分发挥出来。例如在教学《美丽的小兴安岭》一文时，为了让学生感受祖国大好河山的美好，对大自然有更深刻的了解，我要求学生在自读课文后选择合适的方式去学习课文。有的学生一边读一边看图感受小兴安岭的美丽富饶，有的学生一边读一边画，要把文中图里没有的东西画出来，有的学生以小兴安岭主人的身份说小兴安岭的景色美丽，物产丰富。这样，学生的读书热情提高了，学习好的学生带动学习差的学生，使他们也逐渐有了自己的读书方式，因此课堂效果较好，比教师乏味地讲解要好很多。

第四，培养自主阅读能力，还要讲究课堂设计的艺术性。

艺术性的导语是课堂教学中激发学生自主阅读兴趣的起跑线。好的导语能引发学生的好奇心。例如在教学《灰雀》一文中，我首先以故事的形式讲演前个自然段，然后问：灰雀飞哪去了？它们怎么样了？能猜一猜？这样做能提高学生对课文的兴趣，使他们急于朗读课文，求得答案，并努力钻进课文中去品味课文的内容。

第五，培养小学生的自主阅读能力要重视关注个体差异，也就是要重视考虑不同学生的个性心理特征。

例如我在接手2013届一个毕业班的语文教学之初，我发现这个班的学生普遍都不阅读，他们中大多数见到文章就“头疼”，做起阅读题来总是一目十行、心不在焉、照抄原文凑成答案。为了让学生喜欢上阅读，我先是与大家做朋友，了解他们各自感兴趣的知识。然后，利用课余时间，找不同知识内容的小文章收集进自己的电脑。最后，根据学生们的个性特征将不同文章打印出来分发给不同的学生，将其作为他们课后阅读的作业。对历史感兴趣的学生看到历史类的小故事，马上迫不及待地去读课文，对科学感兴趣的学生一见到科学小论文，就精神抖擞，对童话感兴趣的学生一见到童话故事就津津有味……一个学期下来，大家普遍觉得自己通过读这些文章收获不小，慢慢地表现出对读书有兴趣了。

（原载《师道》2014 年第 7 期）

# 如何促进农村留守儿童健康成长

梅州兴宁市下堡中心小学　黄运龙

留守儿童是我国社会经济快速发展，大规模的农村劳动力向城市转移后出现的一个特殊群体。这些原本需要父母倍加呵护与关爱的幼苗，却长期与父母分离，享受不到完整的家庭温情，他们缺乏正确而严格的家庭教育，很容易受社会不良因素的影响，他们在亲情缺失的情况下，会产生各种各样的心理问题，影响到人格的健全发展。留守儿童的诸多问题，是当今社会状况下亟须解决的问题，是牵涉到家庭、学校、社会的一个系统工程，仅依靠任何一方的努力都是不够的，需要家庭、学校和社会各界的积极配合，充分发挥互补功效，统筹兼顾，形成合力，一起来重视和参与“留守儿童”的教育，促进“留守儿童”身心的健康发展。

## 一、家庭方面

### 1. 要充分发挥家长的监护作用和引导作用

进一步强化家长的监护责任，让留守儿童的亲情不缺失。留守儿童的家长及临时监护人应切实承担起监护孩子的责任和义务，外出有能力的家长可以带上孩子跟随自己生活、读书，如果条件不允许，家长一方最好在家一起生活。父母是孩子的第一任教师，良好的家庭环境对少年儿童的身心健康成长产生终身的影响。儿童的成长需要稳定安全的环境，父母的呵护和关爱，是儿童最为安全、温馨的环境，在爱的环境中成长是孩子的基本需要。唯有抛弃读书无用论、金钱至上的观念，留守儿童的身心才能得到健康成长。

**2. 家庭要加强与子女的沟通和联络**

农村留守儿童的父母在满足其子女的基本生活需要的同时，还要多关心他们的精神成长，定期回家看望孩子，实现他们的一些愿望，通过各种通信工具与子女增进交流沟通，了解他们的成长状况和生活点滴。平时，父母需要多关心留守儿童在家庭和学校的表现，关心留守儿童的身体健康状况和身体发育情况，多和子女进行朋友式的平等交流。同时，留守儿童的父母也要及时和学校、老师进行沟通，多关注孩子在校的表现和老师、同学的评价，寻找更多更好的沟通教育渠道。学校应积极搭建起父母与老师沟通的桥梁。

## 二、学校方面

**1. 加强农村寄宿学校的投入和建设力度**

完善义务教育管理体制，加强农村寄宿学校的建设，不断改善农村中小学生生活的基础设施，从而满足农村留守儿童的寄宿需要，为农村留守儿童提供温暖舒适的生活、学习环境，让孩子们在学校找回家庭的温暖，让进城务工的父母无后顾之忧。这需要充分发挥教育职能部门和学校的通力，加大资金投入力度，增加学校的教育资源，发展多元化教育。加之学校教师要正确教学和指导，采取正确有效的措施帮助他们，提高留守儿童学习的积极性、主动性，从而使他们的素质得到全面的发展。

**2. 老师应该加强对留守儿童的心理教育**

对于农村留守儿童，老师应该更加重视。老师应该增强责任意识和服务意识，主动承担起家长或者监护人的部分义务。学校应该开设心

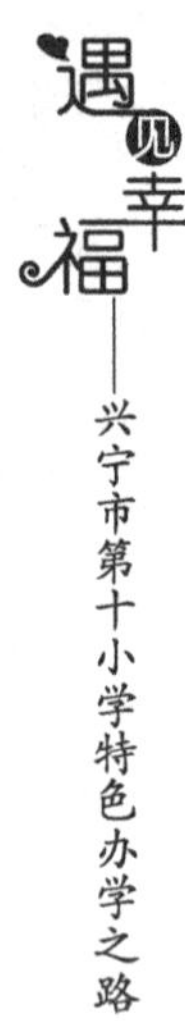


理健康课，专门针对农村留守儿童的常见心理问题进行讲解。针对留守儿童的行为偏差和心理问题，定期开展心理咨询和心理矫正工作。留守儿童普遍存在胆小孤僻、性格怪异、敏感不安等情况，老师们应该利用平时教学之便，秉承教书育人、为人师表之职，对农村留守儿童进行心理教育。如开展主题班会、联欢会、趣味游戏、“为留守儿童献爱心”活动以及各种有意义的活动，提高他们的学习兴趣。还可以通过“一帮一”“互助组”等形式，使留守儿童从被动到主动参加集体活动，融入大集体中，让他们充分感受来自学校大家庭的温暖。通过这些举措，使留守儿童树立生活的信心，打开心扉，放下对其他同学的芥蒂，适应集体生活，健康地成长。

## 三、社会方面

**1. 加强社会各界对留守儿童的关注度，营造良好的社会环境**

目前，社会各界对农村留守儿童的关注度不够是导致农村留守儿童一系列问题的客观原因之一，因此社会各界对留守儿童的关注亟须加强。进一步加强政府的主导地位，建立健全农村留守儿童管理机制。把解决农村留守儿童问题纳入我国统筹城乡发展和社会主义新农村的建设中去，深入贯彻落实党的“三农”政策，将教育体制改革和经济体制改革向农村倾斜。留守儿童较之普通儿童只是由于生活环境中约束因素、沟通与指导因素的缺失，而具有一种被周围不良环境影响更高的可能性。为此，应调动社会各方面的力量，为农村留守儿童的健康成长创造良好的外部环境。

**2. 发展社会主义经济，加强农村经济文化建设**

我国留守儿童问题产生的原因主要是父母外出打工，不在身边照顾。解决父母外出打工的原因主要是农村经济发展落后，城乡差距大。因此，解决农村留守儿童问题，需要发展社会主义经济，加强农村经济文化建设，大力发展农村二、三产业，缩小城乡差距。大力发展县域经济，优化农业产业化结构，大力发展农村合作经济组织，提高农民自主创业的认识，加大对农民粮食生产、牲畜养殖等的补贴力度和资金扶持力度。同时，完善农村基础设施建设，提高农民生活质量，加强农村经济产业化发展。解决留守学生的问题，是迫在眉睫的。

总之，留守生的出现是社会发展的必然现象，对留守生的教育和管理，应得到教育工作者的高度重视，更应受到全社会的关注。对留守学生的教育是一项十分艰巨的系统工程，无论社会学校还是家庭都应相互配合，营造良好的社会氛围，关注他们、关爱他们，才能真正实现教育事业的健康快速发展，才能推动社会主义和谐社会的建设。我们作为一名与他们朝夕相处的人民教师，更应懂得如何管理和教育他们，净化他们的心灵，让他们都成为祖国最美丽而又最灿烂的花朵。

参考文献

[1] 李亚楠. 我国农村留守儿童存在的问题及对策［J］. 衡水学院学报，2013（5）.

[2] 陈长华. 浅谈农村小学留守儿童教育［J］. 当代教育论坛（管理研究），2010（7）.

[3] 熊道平. 浅谈“留守儿童”的教育问题［J］. 新课程（小学版），2010（12）.

[4] 康钊. 农村留守儿童问题及对策［J］. 黑龙江社会科学，2007（2）.

（原载《读写算》2018 年第 1 期）

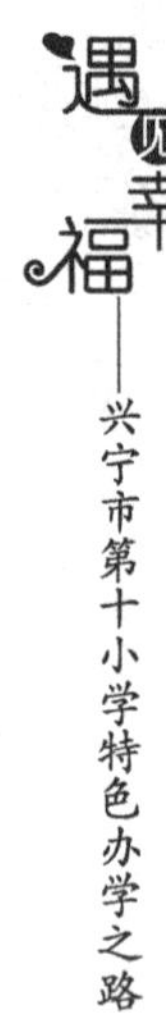


# 将心理健康教育融合在小学德育教育中

梅州兴宁市第十小学 朱辉梅

小学教育是属于教育阶段里最为基础的教育，由于我国历史的流传与发展，我国的教育理念还是不断地坚持以德教育人以德育教育为先的贯彻思想，德育教育的工作在学校里有一定的成果。心理健康教育与德育教育这两者的教育工作是具有独立性的，又有相辅相成的依赖关系，虽然这两者有着复杂的关系，但是在内容上却具有一致性，所以在教育教学的实施过程里，应该心理健康教育与德育教育保持相互的教育方法以及教育方式。随着我国社会的不断改革与发展，很多学生出现了各种各样的道德问题以及心理健康问题，这些问题的存在大部分取决于学生自身的心理健康教育问题，所以学校结构、教育教学应该更要重视学生的心理教育健康问题。我国近年来教育有很大方面的改革与发展，在学校教育教学中渐渐地将心理健康的教育发展推向重要的教学内容，所以在中小学生的教育课程里设立心理健康教育为独一的教学内容。在进行心理健康教育的同时，将德育教育也融入心理健康教育的教学当中，使得心理健康与德育教育有一定成效的发展。

## 一、心理健康教育与思想品德课程融合

在小学教育教学里，思想品德课程是教学内容的课程之一，所以

可以将心理健康教育适当地渗透到思想品德课程里，将心理健康教育与思想品德相结合，以此来达到很好的成效以及最佳的水平。教师在进行思想品德的教学课堂上，应该合理、适当、有效地把小学生的心理健康教育渗透到思想品德的每章的书本内容里，并将涉及心理健康教育的内容渐渐地传授给小学生，让小学生能够很好地建立正确的人生观与价值观。在学校建设方面，要不定期地开展心理健康教育活动、道德模范表扬、心理健康会谈、设立道德品行奖项等等活动，以此来让学生重视德育品行发展，还可以让小学生积极参与学校开展的活动，并达到德育与心理健康教育的目的。学生的活动的对象，可以让他们更好、更贴切地感受和理解一个良好的心理健康对自身良好素质养成有很重要的作用，这样才能更好地引导小学生，去学习、去生活。

## 二、提高教师综合素质

虽然德育教育与心理健康教育有着一定的区别，但是还是有着不可切割的联系，所以在小学教育教学中，要着重加强对品德教育的教学以及心理健康的融合。然而提高教师的教学水平，是小学教师提高综合素质的关键。教师综合素质的提高，可以有效地促进心理健康与德育教育的发展，并且很有成效地将心理健康教育融合在小学德育的教育里。因为教师是学校教学的参与者，还是教学的实行者，所以教师本身的优良的素质，对小学生的心理健康教育的进行以及品德教育的发展有很重要的影响。如果是一个综合素质低、品行差的教师来对小学生进行德育的教育，小学生会随波逐流，会形成歪斜的德育观念，不健康的心理发展，不良的行为作风。所以从某种意义上来说，如果能够很好地培养出心理健康的、行为端正的好学生，就要对教师的综合素质要求更高，教师的教学水平也要更加的专业。学校要确保小学生的心理健康与德育教育的顺利教学以及教学质量的保障，就要建设、健全教师队伍，完善各项制度，整顿管理体系。除此之外，还要积极开展教师民主生活会议、

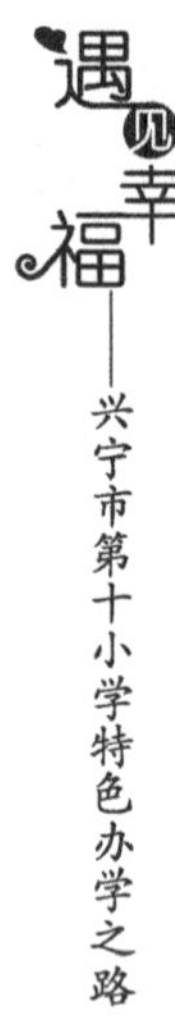


思想政治大会、思想演讲活动等等来加强教师的思想道德素质以及加强教师育人的思想观念。

## 三、学校教育与家庭教育相结合

学校、教师和家庭之间的相互协调配合，形成一个双教育、双成效的模式，以此来更好地达到最好的教育效果。小学生在家庭里是很受影响的，什么样的家庭环境就会有什么样的教育模范，所以家长一定以身作则做一个有道德、有素质的好市民，才能很好地给自己的孩子树立很好的做人榜样。在一个好的家庭里，生活的烦琐小事都可以作为讲述人生的案例，也能很好地教育他们怎么做人、怎么做事、如何相处等多方面的教育。家庭的教育要与学校的教育相互配合交流，为自己的孩子、学生营造出一个很好的成长环境以及一个良好的学习氛围。将新鲜的气息注入到心理健康教育以及德育教育中去。在学校的活动举办方面，应该让孩子与家长多多互动，共同参与。例如：校园亲子活动会、幸福家庭演讲会等类似的亲子活动。有家长与学生的共同参加，可以给予他们自己家庭一起合作的机会，让小学生能感受到来自家庭的温暖以及无私的爱，并通过活动进行相应的教育灌输。

## 四、结语

综上所述，小学生的心理健康教育以及德育教育的不容忽视，学校、家长、教师要重视该教育的发展，兼任起这个长远而又艰巨的任务，教师也要以身作则，为小学生树立起更好的榜样，指引他们树立正确的人生观。随着教育的不断完善、新课程的改革，使得小学生在启蒙阶段的教育问题面临更大的挑战与机遇，所以国家、学校、教师要更加地注重创新、改革，改变原来的传统教学模式，让心理健康教育能够更好地渗入到德育的教育中去。因此，将心理健康教育与德育教育相互融合，可以最大化地促使小学生的良好的素质发展，为小学生提供良好的环境与氛围，并为国家培养有用之才。

参考文献

［1］徐建明. 找准课堂探究设计基点　带领学生轻松走入课堂：《生活与哲学》课堂探究设计基点的思考［J］. 中学政治教学参考，2008（4）.

［2］何春燕. 家庭教育与青少年的心理健康［J］. 广东教育（教研版），2006（2）.

［3］林芸，吴锡改. 开展成功素质教育，促进青少年心理健康［J］. 教书育人·高教论坛，2011（6）.

（原载《博览群书》2017 年 2 月）

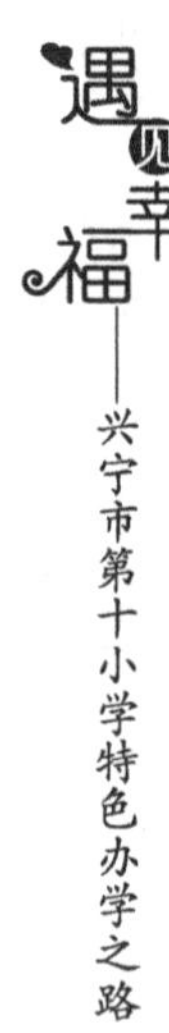


# 浅析小学德育实效性教学的理念及方法

梅州兴宁市第十小学　钟子珍

## 一、小学德育教育存在的问题因素

### 1. 学校的德育教育在落实上缺乏审核机制

受传统教育思想的影响，我国大部分学校在对学生进行德育教育的政策落实上，缺乏一定的审核机制。长期以来一直都只注重学生的文化课水平的提高问题，而忽略了对学生开展的德育教育效果进行信息反馈审核的问题，缺少德育教育效果的监督和管理，出现德育教育形式化的情况较严重，致使教师在实施的德育教学活动中，没有将德育教育工作列为其教育教学工作的重点，过多地追求学生的文化课水平上，认为学生的学习成绩才是最重要的，对学生的品德修养方面的关心是少之又少，更缺乏有效的德育引导措施，也就造成德育教育空洞的现象出现，对学生的品德建设发展不利。因此，学校应认识到小学生的德育教育是一个长期的大的目标和方向，学校和教师必须重视起来，避免造成教育与实践相脱节，影响学生的身心健康发展。

### 2. 缺乏有效的德育教育活动的开展

我们知道，提升一个学生的学习成绩并不难，但是，培养学生的道德文化修养则需要一个长期的实践过程。教师在课堂上的德育教育，只是教会了学生理论上的认识，缺少通过有效的实践活动的论证，致使学生很难理解德育文化的精髓，感悟不到德育教育的意义，甚至有些没有针对性意义的德育活动，只是形式上的一个过程，缺乏实效性，没有按照各个年级不同阶段学生的特点开展活动，对学生的心理成长特点考虑欠缺，对有效的德育教育活动的教育意义的解读不够深刻，甚至缺少对德育活动开展效果的系统考量，也就无法提升德育教育活动的实际效果。

**3. 缺少家校德育联动机制教育观念**

小学生的德育教育是其成长的关键，学校单方面的德育教育是远远不够的，家庭德育教育观念的影响也至关重要。此时，必须要提升家校德育联动机制教育观念的认识，由于小学生处于成长期，在缺少家庭和学校联合管理的情况下，就会造成德育教育上的漏洞，如学生出现多重性格、表里不一，甚至叛逆心理的形成问题，对学生正确的道德观念的形成造成影响，使德育教育工作的开展达不到预期的效果，对提升小学生的综合文化素养造成阻碍。

## 二、提高小学德育实效性的措施及方法

**1. 学校建立德育教育审核机制，提升监察力度**

小学德育教育实施以来，为贯彻执行德育教育力度，需由校方建立德育教育审核制度，并将德育教育工作列入教育教学工作的重点来抓，做到德育教育分配到个人，拟定德育教育计划和既定目标，督促教师将德育教育落到实处。同时，校方更要提升监察力度，要求责任人及时回馈阶段性的德育教育效果信息，这样，学校就可以对德育教育效果进行评估，并对效果不明显的方式方法进行有效的整改，有效地保障了德育工作的顺利开展，积极推动了德育教育工作的实效性，切实保障了学生的品德建设，为学生的身心健康发展，推动学生全面素质提升奠定了坚实的基础。因此，学校德育审核机制的确立，明确了德育教育在学生教育中的重要性，为教师更好地实施德育教育工作提供了帮助，在推动校

园文化发展建设、完善学校教育体制、提升学校教学质量等方面，发挥了其职能性的重要作用。

**2. 开展有效的德育教育活动，增强德育教育效果**

德育教育活动的开展要适合小学生的心理发展特点、成长经历、常见问题等方面来制定，确保活动开展的实效性，将德育教育效果发挥到最大化，以解决大部分学生的根本性问题。如：对于小学一至二年级的学生来说，他们刚刚接触新的环境，对新环境的融合上多少都会出现一些这样那样的问题，如行为举止不受约束、不注重个人卫生、缺乏集体观念等问题出现，那么，解决这一大部分学生存在的问题，就需要有针对性开展相应的德育活动。对于不受约束的学生可以开展行为规范小课堂，让大家说说自己认为正确的日常行为做法，鼓励大家进行思考，并说出不正确的行为做法，这样有利于逐步约束其自身行为，引导学生学会运用正确的方法来进行生活实践活动，提升自身的约束力，对不注重个人卫生的学生，我们开展了创建个人卫生小标兵活动，实行以周为单位的文明卫生周活动，对个人卫生和公共卫生保持好的同学进行卫生小标兵称号授勋，并张贴在班级版报上作为卫生模范，树立大家学习榜样、做好榜样的意识，督促大家养成讲究卫生的好习惯；对于缺乏集体观念的同学我们开展了很多集体性的活动，如拔河比赛、歌唱比赛、小组知识竞赛等，让学生亲身感受到集体力量的强大，增强学生对集体观念的认知，同时，还能促进生生间的交流与融合，为构建良好的班级氛围提供了保障。

因此，小学德育教育活动的开展需要针对不同年龄段的孩子，结合其心理特点，采用针对性的德育方式，这样才能进一步提高小学德育实效性，提升学生的德育教育效果。

**3. 加强家校德育联动合作观念认识，全面提升德育教育效果**

小学生的德育教育问题只靠单方面是不够的，需要加强家校合作观念的认识，增进双方之间的交流，并利用家庭教育观念的影响，积极地引导学生向正确的人生观方向发展，督促学生养成良好的生活行为习惯。加之学校的德育理论教学的深化，增强了学生对德育的认识和理解，再通过学校组织的各项有针对性的德育活动，有效地强化了学生对德育的感知，最后通过双方的沟通，可以更好地了解学生的成长动态，解读学生内心世界的想法，避免学生出现表里不一的现象，使学生能够在家校共同引导和培育下茁壮成长。

## 三、结束语

综上所述，小学低年级开展德育教育对其今后的学习和生活都具有重要的意义，是学生树立正确的人生观和价值观取向的重要阶段。德育教育需要家庭和学校加以重视，确保学生的思想道德品质得到提升，为学生的身心健康发展保驾护航！


**参考文献**

[1] 康冬梅. 提高小学德育工作实效性的对策研究［D］. 吉首：吉首大学，2013.

[2] 齐玉静. 小学德育实效性教学的理念及相关方法分析［J］. 才智，2015（18）.


（原载《教育科学》2017 年 10 月）

# 家校联合下的小学生德育新策略

梅州兴宁市第十小学　李红兰

教育体制的深入改革背景下，小学阶段的德育教育备受关注，德育教育逐步发展为增强学生素质能力的主要途径。德育教育工作受到学校教育因素的限制，家庭也会对德育教育效果产生影响，所以充分融合家庭和学校，强化德育教学质量，可以获取事半功倍的教学成效，确保学生能够全面成长。

## 一、家校联合开展小学德育存在的问题分析

### 1. 家校联合不够深入

对于小学阶段的德育教育，班主任是学生直接管理者，还是德育教育工作的负责人。但是教师对家校联合开展小学德育认识不够充分，导致合作流于表面，小学德育质量也大打折扣，不利于学生良好行为习惯和思想品质的形成，尤其是在缺乏统一合作目标影响下，学校、家庭方面存在的德育优势没有得到充分发挥，对其他领域开展家校合作也带来不利影响。

### 2. 德育资源十分有限

在小学阶段开展德育，主要依托书本教材，虽然各学科蕴含着十分丰富的德育资源，但是仅依赖课堂理论知识教授，无法达成德育工作目

标。教师还需要将家庭方面存在的德育实践体验资源进行挖掘和利用，这样才能有效弥补学校德育存在的不足，并在两相结合下更快、更好地达成小学生德育目标。然而，联系实际生活，德育资源运用还不够，无法满足学生亲身体验学习的需要，学生思想道德水平提升也遭受到极大的影响。

**3. 德育手段存在单一化**

小学班主任开展的德育教育工作，班主任总是把灌输式教学手段作为主要途径，通过说教的模式进行德育教育，一些学生产生逆反心理，阻止德育教育工作的进展。一些班主任没有过多地给学生关注与温暖，尚未全方位掌握学生性格和心理变化，不利于德育思想的巧妙渗透，降低德育教育水平。

## 二、家校联合下小学德育的新策略

**1. 强化家校联合认识**

只有思想上充分意识到依托家校联合开展小学德育工作的重要性，才能够在实际行动中真正体现出来。教师与家长就小学生德育达成一致意见以后，才能共同制订小学生德育目标，并围绕目标展开一系列的协作。这样，学生在学校学习和家庭生活中也都能够得到德育思想的渗透，进而为小学生德育工作有序、高效和高质完成奠定良好基础。

**2. 建立家校联动的德育网络体系**

家校联动背景下，小学班主任开展德育教育工作，要处理德育教育存在的割裂问题。班主任是学生直接管理者，可建设本班级的德育教育网络，包含微信群、QQ群和微博等，依托网络平台的力量，强化班主任和学生家长之间的沟通。班主任利用网络平台掌握学生家庭状况与学生个体情况，涉及学生家长姓名、家庭住址、家庭环境与学生兴趣爱好等，班主任对学生进行全方位的了解和掌握，家长通过网络平台分析学生在学校的日常表现，及时找到小学生存在的思想问题进行针对性引

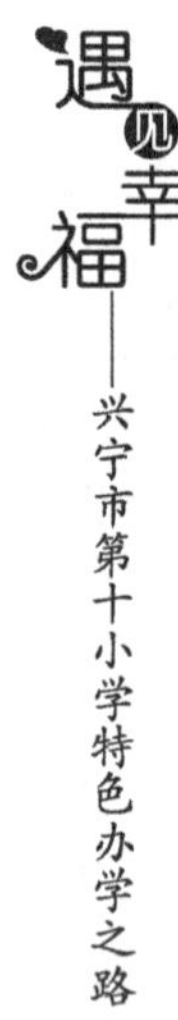


导。家校联动的教育网络体系内，家长结合学生存在的问题和教师及时沟通，接受确切的教育方法指导，积极地开展德育教育工作，使得班主任德育教育工作更为有效和科学。

**3. 整合教育资源**

学校存在的德育资源，更多的是隐藏在各学科书本教材中，需要教师对这些潜藏的德育资源进行有效的挖掘，并采用小学生喜闻乐见的方式展现出来。通过生动的德育内容激发学生学习兴趣，给学生带来良好的教育体验，帮助学生更好地学习和掌握。而家庭存在的德育资源大多隐藏在现实生活的方方面面，也需要家长去挖掘，并引导孩子通过亲身体验进行掌握。实际德育中将学校和家庭存在的德育资源进行整合和有效利用，就可以将学校和家庭中各自的德育优势展现出来，并促进小学生德育目标更好地达成。具体实践中，学校主要负责教授学生德育理论方面的知识，而家庭则围绕学校教授的知识内容为学生提供真实的现实环境，并使学生获得更多实践体验的机会，让其在亲身体验中感悟，进而完成行为规范和品格的塑造。

例如，在开展“讲道德、树新风”德育中，教师可以通过课堂教学，向学生详细讲解道德有哪些内容和怎样培养；家庭则通过走进现实生活，主动践行坐公车给老人让座、过马路听从交警指挥、不乱扔垃圾等，让学生对道德有一个具体和形象的认识，并在具体实践中实现学生道德素养的有效培养。

**4. 设计学生学习自主管理评价表**

开展小学班主任德育教育工作，班主任应该找到问题所在，在家校联动背景下，学校掌握家长教育孩子的实际情况，借助问卷调查的方式思考学生学习是否存在困难。班主任对学生进行积极的指导，帮助学生减少家庭对自身学习带来的困扰，确保家校联动拥有良好的开端。学生家长深刻地了解到自己加入德育教育工作，并不是承担教育孩子的全部责任，而是辅助孩子健康成长，给家长和孩子之间的良性互动做好铺垫。班主任可以引导学生制作自主管理评价表，学生家长与教师共同评价，发挥学生学习主观能动性，强化学生学习效果。通过学生自主管理评价表，引导学生积极地参与学习活动，大多数学生可明确一个星期的学习计划，结合课程表进行学习任务实施。除此之外，班主任对学生提交的课堂作业进行总结和评估，体现学生学习主动性和积极性。

**5. 开展综合实践活动**

对小学生开展德育，仅依赖理论知识教授还不够，学校还需要联系实际生活，组织多样化的德育实践活动，让教师和家长在参与活动中找寻到有效的德育方法。而学生通过参与德育实践活动，也能真正领悟到德育知识的重要性，并在潜移默化中实现思想道德素养的提高。一方面，学校可以围绕不同德育主题，组织一些亲子活动，让学生与家长共同参与其中，这样不仅可以增进亲子之间的感情，还能够让他们更加了解彼此，具体开展德育也会变得更有针对性，另一方面，结合小学生渴望丰富社会生活的需求，组织一系列接触自然和社会的实践活动，并将德育渗透其中，这样也可以起到事半功倍的效果。

## 三、结语

综上所述，在小学班主任开展德育教育工作中，仅仅凭借学校的力量是远远不够的，家长的言行举止会潜移默化地影响学生，所以要充分凸显家校联动的教育意义。学校应该和家长保持密切的沟通，促使家长树立家校联动进行德育教育的意识，班主任采取有效的德育教育方案，及时找到小学生存在的不良思想观念，科学地引导学生，加深学生对德育认知，强化学生德育素养，创造良好的学习生活环境。通过小学班主任的深层次教育，排除其他因素对德育教育工作带来的影响，引导学生树立正确的思想，全面将班主任德育教育工作落到实处。有效保障小学生德育质量，推动学生更健康地成长。

参考文献

［1］陈军梅. 优化班级管理，家校配合实施道德教育：小学班主任德育工作初探［J］. 读与写（上旬），2020（3）.

［2］韩振华. 家校教育，习惯养成教学：浅论家校教育视角下的小学养成习惯教学方略［J］. 新课程（上旬），2019（8）.

［3］黄永康. 家校联合做好小学德育工作［J］. 家长（下半月），2018（4）.

［4］刘春成. 基于家校联动视角下小学班主任德育教育开展策略探究［J］. 神州，2020（8）.

［5］潘雪梨. 基于移动互联网视角下班主任德育教育策略探究［J］. 科学咨询，2018（46）.

（原载《教育研究》2021年12月）

# 小学德育工作存在的问题及对策分析

梅州兴宁市第十小学　王建东

我们都知道，道德教育是非常重要的，这关系到整个社会的长治久安，关系到国民的安居乐业。因此，作为小学德育工作者要认识到德育的重要性，真正将德育工作落到实处。当前，受西方价值观念的影响，我国国民价值观呈现出多元化的特点。所以，为了做好小学生的德育工作，为了应对当前复杂多元的德育环境，我们要深入研究新形势下的德育工作方法和思路，将德育工作切实有效开展。

## 一、新时期下的德育工作的具体内涵

在社会体制的深化改革背景之下，我国社会经济与世界经济正式进入同步发展阶段，而在此过程当中，需要我们将人类共同的优秀文明成果继续保留和传承下去。而所谓的德育实际上指的就是道德教育，也就是教育者需要立足于社会的实际需要以及客观发展规律，有组织、有目的、有计划地将当前社会中的政治与道德思想，系统化地传递给受教育者，使其能够拥有较好的政治思想意识与道德品质。我国现行的德育，包括道德教育、思想教育、政治教育和心理品质教育。

## 二、小学学校德育现状

### 1. 互联网的不良影响

电子信息高速发展的时代背景下，电子产品已经是人们日常生活中不可分割的一部分。人们对电视媒体、网络媒体的热爱直接对儿童的健康成长造成很多不利的影响。如今，大部分媒体是以追求利益为最终目的，造成现在网络与电视节目的功利性极强，娱乐节目普遍夸张搞笑缺乏内涵，电视剧情普遍追求收视而忽视其影响性。这种环境对学生价值观、社会观的形成会产生不可估量的负面影响。小学生正处于性格养成的关键时期，网络信息的丰富性与虚拟性使学生越来越沉迷其中，逐渐减退与现实社会接触的主动性，在虚拟的社会中追求新奇与刺激的感觉，满足内心对于角色的幻想与渴望，从而导致不良社会道德观点的产生，对小学生的身心健康发展极为不利。

### 2. 德育工作被轻视

当前，国家教育部门已经越来越重视小学生思想品德的教育工作，将强化小学生品德教育列为重点教育内容。但是，由于人们普遍存有重分数轻德育的思想，将分数视为孩子成长道路上的重要价值体现，从而意识不到孩子德育教育的重要性。对于学校来说，学生的升学率、教学环境及配套资源才是评价学校等级的主要依据，往往侧重学生的知识教育而忽视了对学生品德的教育与监督。

### 3. 学校德育评价片面

德育评价是一项涉猎面非常广泛的教育环节，世界教育组织也公认德育评价工作的复杂与艰难，称其为“世界性难题”。德育评价体系不仅关系着学校的德育效果评估，也是关系着新课改中素质教育目标能否实现的关键部分。德育评价体系的不完整，使学生的德育教育工作效果得不到衡量与体现，成为学生素质教育无法全面、协调发展的重要障碍。

## 三、进行德育教育的方法

**1. 从培养学生良好学习习惯入手培养良好的道德品质**

著名教育家叶圣陶曾经说过："教育是什么，往单方面说，只有一句话，就是养成良好的习惯。"小学阶段是人成长的起步阶段，也是个人素质养成的初始阶段，在这一阶段培养学生养成良好习惯尤为重要。小学生从幼儿园进入小学就需要适应新的环境变化，小学生的礼貌用语和行为、学习中的品质养成、预习、听讲、做作业等事务中都体现着一个小学生的道德素养，从这些新的行为习惯开始，一点点地塑造自己的性格品质，从而达到自律的程度。

**2. 身教重于言传，营造优良的教育氛围**

班主任应以身作则，切实规范自身行为，为学生树立榜样。班主任在教育学生时，应该特别注重家庭教育、注重德育教育，俗话说得好："先成人，后成才。"可塑性大、模仿性强是小学生最大的特点，他们的学习初始多半是来自对父母的模仿，父母对孩子的影响非常重要。因此，作为一名合格的班主任应该多进行家访，深入了解学生的脾性，和家长沟通，让家长尽可能地为学生营造一种和谐的家庭氛围。在和睦的家庭中成长，相信学生的道德认知也会得以健全。

**3. 鼓励多于批评，善于发现学生的闪光点**

鼓励对学生产生的心理影响是深刻的，学生生活在批评之中，他就学会了抱怨；学生生活在鼓励中，他就学会了赞美；学生生活在黑暗中，他就学会了恐惧；这就是人们常说的种什么因结什么果。小学阶段的孩子刚刚建立起来的自尊心，我们要小心保护，切不可揉碎孩子心中的那片云彩。每个孩子都是独特的个体，他们拥有自己的个性、闪光点，我们要善于发现他们的优点并给予一定的鼓励，让孩子生活在自我肯定中，只有这样，孩子才会愈来愈自信。作为一名班主任，我们要善于培养学生的良好心理素质，我们要经常去点燃学生心灵中热爱知识、

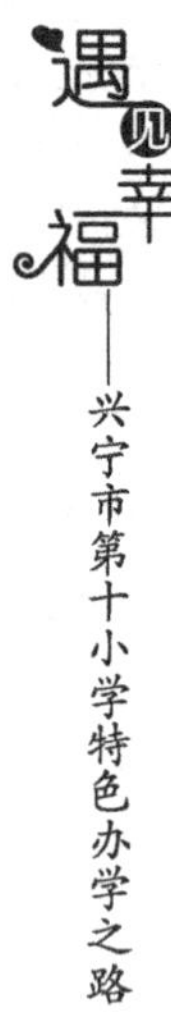


渴望新知的火种，培养他们积极向上的、勇于竞争的、健全的思想意识。班主任要在平时工作中不断积累经验，努力提高自身素养，以渊博的知识、高尚的人格和博大无私的爱去感染学生，在精神上影响学生，培养学生良好的人生观和世界观。

**4. 丰富德育活动的形式内容**

形式多样、内容丰富的德育活动，既能够有效避免传统说教式的德育的枯燥之感，同时也能够通过鼓励学生积极参与班队活动，帮助其更好地接受思想道德教育，真真切切地感受到思想道德的力量与魅力。例如，学校每年可以进行美德少年的评选表彰，班主任可以组织学生展开美德知识竞赛等活动。另外，教师还可以有效利用当前的时事政治，对学生深入开展爱国主义教育。

## 四、结束语

总之，在小学生德育工作中，我们要看清形势，在目前价值观多元的大环境下，努力创新，有条不紊地搞好小学生德育工作。在工作中要结合小学生的身心发展特点，侧重行为的塑造和良好习惯的养成。及时识别小学生身上所表现出的言行方面的偏差，用有效的方法加以纠正，帮助小学生学会识别社会中错误的思想和行为，用正确的思维和观念武装自己的头脑，成长为一名健康、活泼、对社会有益的幸福的人。

**参考文献**

[1] 张虎. 关于提高小学班级德育活动实效性的方法实践 [J]. 学周刊，2016（21）.

[2] 薛平. 浅谈小学综合实践活动课中的德育渗透 [J]. 课程教育研究，2016（8）.

（原载《教育科学》2017 年 10 月）

# 如何在班级管理中体现人文情怀

梅州兴宁市第十小学　曾小英

在课程改革的理念下，对“情感，态度，价值观”的人文评价逐渐渗透到教育教学中。因此，班级管理也应该反映其人文情怀，利用教师的情感来管理班级，激活学生的情感，让学生真正参与课堂管理，提升自身素质。

## 一、重新定位，回归主体本位

传统的班级管理制度忽视了人的存在价值。这将不可避免地导致学生的反叛心理，导致师生之间不可逾越的“鸿沟”。因此，作为班主任，从接手班级的那一刻起，就应该视班级里的学生为朋友。学生作为课堂上的真正参与者，班级管理中的任何事务都应由学生来决定，老师从前台转到后台。这样才能让学生真正感受到他们是班级管理班的一员，并意识到他们是学校的主人，学习的主体，管理的主力，真正感受到班集体的存在和班集体的价值。

## 二、用己心正其心

在班级管理中，班主任应该做到既是学生的典范又是学生的密友。因此，教师自身应树立自己良好的情感形象，成为一种良好的“情感”

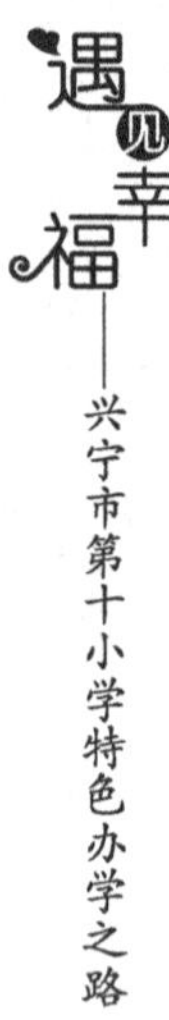


榜样。起到楷模作用。学生的情感和学习不仅可以通过班主任自己的教育来实现，还可以通过班主任处理自己的情感问题以及班主任和学生在情感交流中设定的榜样来实现。班主任的情感表现对学生的情绪有直接的影响。为此，班主任要时刻注意自己的形象，要清楚地了解自己的情绪状态，并加强对自己情绪能力的控制。以防止自我存在的情感缺陷对学生产生负面影响。这样才能起到一种良好的“情感”角色模型的作用。我的做法是：即使教室环境不理想，也要带着微笑进入教室，用积极的情绪唤醒每个学生的心灵，让他们都沐浴在爱的阳光中。教师只有给予学生爱心，与他们交流、沟通、才能激发他们对知识的渴望，提升班级管理水平。

## 三、互动谈心，关注发展

班主任应积极开展互动谈心活动，始终关注学生的情感发展。学生的情感总是每时每刻都在表现着。积极开展互动和谈心的活动，及时发现和纠正学生的情感心理。在谈心时，班主任应尽可能以朋友的身份与学生沟通，并和学生建立一种新型的师生关系。在平等的基础上与学生沟通，实现情感兼容，自然会产生良好的教育效果。心理学的常识告诉我们：“相由心生。”在任何时候任何地方都要对自己的学生充满信心。当教师以一颗真诚的心对待学生时，学生会以他们独特的敏感性接受老师的观点和看法。看到老师的善意和对自己的真诚的爱就会有一种与老师亲近的感觉，愿意接受老师的教诲，这就是所谓的“亲其师而信其道”。另一方面，如果教师教育学生时缺乏感情，甚至任意损害学生的自尊，就会使学生感到厌恶和怨恨，并拒绝接受老师的说教。

## 四、积极鼓励，增进信心

心理学认为，赞美和鼓励可以激发勇气，增强信心。教师应该相信自己的学生，特别是那些在学习方面有困难的学生。学生是向往进步的，也是能够进步的。只要学生有热切期望并经常给予鼓励和帮助，即使是一个眼神、一句话、一个动作都会给学生带来安慰和鼓励。如果学生能够在心中接受这种期望并按老师的要求去做的话，那么他们就会慢慢进步。因此，在教育工作中，要注重对每个学生的信任和期望，关注教育教学的全过程。特别是在课堂上，教师要更加关注一些学习有困难的“问题学生”，给予更多的鼓励，并善于运用充满希望的眼光去消除他们内心的孤独和低自卑，激励他们积极主动参与课堂教学活动，更好地掌握科学文化知识。

## 五、主动联系，积极建构

积极主动联系家长和科任教师，扩大情感教育氛围。班主任应主动与学生家长进行协调，以便家长能够及时了解孩子的情绪变化并认识到孩子们的情绪状态对他们本人的重大影响。同时，班主任还应主动联系科任老师，使学生的情感变化得到多方面的关注。让情感教育渗透到日常生活的每一刻和每一分钟，才能产生持久的巩固效果。

总之，课程改革的目的是培养学生在知识与能力、过程与方法以及情感、态度和价值观等方面的全面发展。所以，对学生的管理应实行人文关怀，尤其是班级管理中注重人文关怀将是新课程标准全面铺开实施并取得最大成效的关键。班主任在班级管理中，应该运用自己的积极情绪，运用自己的人文关怀来激发学生的人文情怀，以情感情，以情促情。实行情感体验教育，促进学生素质的发展，才能让学生深刻感受到生命的澎湃和成长，从而更好地实现育智和育情目标。

（原载《师道·教研》2018 年第 11 期）

# 第三章

# 幸福课堂

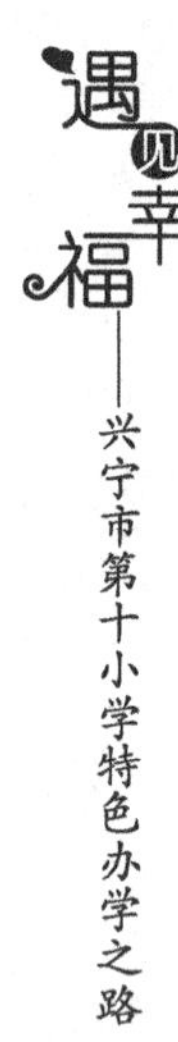


# 微课在课堂教学中的高效应用

梅州兴宁市第十小学　余贵珠

## 一、微课相关内涵概述

关于微课这一概念，该思想最初起源于美国，它的出现对我国的教育带来了巨大的改变，对我国的教育理念形成了巨大的冲击。传统教育中一节课堂的时间是四十分钟，但是微课的时间一般是五到八分钟，最长也不超过十分钟。它主要是把教育中多的枝节和空话删除掉了，留下最关键和核心的内容，让学生们通过短时间的学习掌握教材中的重点内容。微课教学模式刚提出来时对美国教育产生了很大的影响，且当时也取得了很大的教育成果。

在教育改革下，大量的计算机技术和信息技术得到了广泛推广，微课模式在我国也得到了推广，在义务教育中有了很好的应用效果。有关微课在我国还没有一个明确的定义，不过在微课的大力发展下，我国人民对微课的认识越来越高，对微课的应用也越来越广。微课教学在实际中有较强的针对性，利用微课可以让学生们精准掌握课程中的难点和重点，以情境创设和安排任务等方式提高了课堂效率，通过短小的视频给学生们创建了一个独特的学习视角。

## 二、将微课应用到语文教学中的策略

### （一）转变传统教学观念

从一定程度上来讲，想要使微课发挥更好的作用，教师自身便应该转变教学观念，正视微课在小学语文教学中的应用。在微课应用过程中，教师应该认识到微课教学对于小学语文的优势，将微课作为教学当中的重要手段，加以利用。在实践过程中，教师应积极进行课程资源的收集，并进行记录，再根据教学的内容选择适当的素材进行微课的制作，以此来保证微课的质量，使得微课能够发挥更多的优势。除此之外，学校方面也应该给予教师相应的支持，如为教师提供微课录制的教室与设备，尽量满足教师所需的物质条件，为教师录制微课开通便利，在学校条件允许的时候，可以在校内开展教师微课制作大赛等活动，让教师重视微课，从而自主进行微课制作与应用探索。

### （二）应用微课设情境，渲染意境激想象

小学生的想象力非常丰富，他们对一些动态变化的事物极易产生浓厚的兴趣，形成强烈的好奇探知心理。因此，教师在设计应用微课时，可以针对学生的这些特殊心理，借助微课形式创设学习情境，将课文中的一些知识和意境展现出来，激发小学生的学习兴趣，提高他们的学习积极性。例如，在进行六年级上册《月光曲》的教学导入时，教师应用微课创设导学情境，借助贝多芬在莱茵河旅行演出时的图片、音频，为学生呈现迷人的夜色、清幽的小路，让学生在这种梦幻的情境中形成一种身临其境的感觉，从而进入优美的意境，切实享受艺术之旅的美好。同时，在文美、曲美的情境烘托下，学生很好地了解到贝多芬热爱音乐的心，真诚感受到贝多芬的博大、高尚。这样，借助微课开展教学，不仅使学生掌握了一些重点知识，而且还培养了他们的语文素养。

将微课融入语文课堂教学，不仅能增强课堂的互动性和生动性，还能在每节课上为学生留下一些思考时间，有效启迪学生展开丰富想

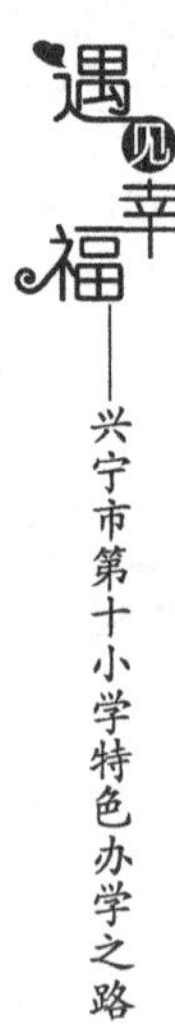


象，培养学生的创新学习思维。例如，在四年级下册《桂林山水》一课的教学中，教师就利用微课充分展示了桂林山水的奇特风景，从而使学生更真实地感受到自然美景的魅力，有的学生甚至可以利用自己生动的语言去描述这种美景意境，在微课教学中，教师将文中优美的词句展现出来，如“漓江的水真静啊……”并与学生一起赏析学习，领会写作手法，在明快轻松的氛围中尽情发挥想象，与作者逐渐形成思想和情感共鸣，从而强化训练了语文知识的掌控能力。

**（三）挖掘微课的趣味性**

微课因和网络结合在一起而具有丰富的资源，老师在应用微课的过程中，要充分挖掘微课的这种优势，让学生们感受微课教学的趣味性。老旧的教学，没有重视学生的地位，学生的学习体验不佳，因而老师要用微课激发学生们的兴趣，让学生们积极加入到课堂学习中来，并在此基础上启发学生们思考，让学生们探究学习，养成独立学习的习惯。

比如在学习《颐和园》这篇文章时，大部分学生都没有去过颐和园，因此他们在理解文章时比较困难，老师这时要通过微课带领学生们感受颐和园的宏伟建筑，让学生们理解课文的意境，通过提问的方式让学生们在看完视频后探讨作者的表达感情和写作视角。这样，语文课堂不再充满枯燥，而是一个趣味性很高的课堂，学生们在这种轻松的学习环境下学习，可以有效形成语文素养，在潜移默化中学生们感受到了语文的美。

**（四）加入创新性的想象，促进学生创新思维发展**

汉语知识博大精深，语文的教材当中也蕴含着丰富的知识内容，但是有些内容是无法用言语来表达的，尤其是文学文化、祖国山河，由于学生并没有真正体验，所以学生难以理解，但是在教材当中却为学生留下了想象的空间，让学生能够自然地想象。而且小学生的思维十分活跃，常常天马行空，基于此，教师应该为学生创造自由发挥想象力的空间，通过微课的形式来活跃课堂教学氛围，拓展学生的眼界与想象力，使学生教学中大胆想象，发表自己的见解，以此提升教学质量。比如，在学习《富饶的西沙群岛》这篇文章中，教师可以采用微课将西沙群岛的实际景象展示出来，让学生在观看过程中想象思考。结束之后，让学生之间进行讨论，发表对文章的感想。学生在轻松愉快的氛围中发挥自己的想象力，与教学内容中的画面产生碰撞，以此提升学生的创新能力。

## 三、结束语

总而言之，随着小学语文学科素养教育的深入开展，微课在语文教学中的应用价值和意义将不断得到体现。教师灵活创设、合理应用微课媒体资源，能指引学生更加主动地参与语文学习活动，体验愉快的微课学习过程，提高学习效率，让学生逐渐爱上语文课、爱学语文知识，从而提升学生的语文能力和素养。

参考文献

［1］殷佳佳. 微课在小学语文教学中的有效运用［J］. 课程教育研究，2020（18）.

［2］褚春红. 小学数学微课设计需要注意的问题［J］. 中国现代教育装备，2020（8）.

［3］师燕芳. 小学语文微课教学的实施策略［J］. 西部素质教育，2020，6（8）.

（原载《文渊》2020 年第 1 期）

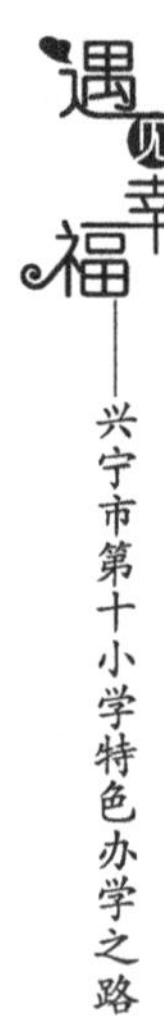


# 谈如何让微课助推小学语文的精彩课堂

梅州兴宁市第十小学　余贵珠

微课作为新型的教学模式，打破了小学语文课堂传统教学的限制，创设了更为真实的教学情境，充分展现了“微”在彰显大作为中的重要性。本文通过微课在小学语文教学中的优点，积极探讨了如何把抽象的知识变得更加形象具体、如何将知识带入生活，如何让微课课堂充满童趣，如何让微课轻松解决教学的重难点并丰富、拓展和提升学生的综合能力提出了具体策略。

## 一、微课在小学语文教学中的优点

“微课”是指以视频为主要载体，记录教师在课堂内外教育教学过程中，围绕某个知识点（重点、难点、疑点）或教学环节而开展的教与学的活动过程。作为一个崭新的教学手段，它具有很多新兴优势。

首先，“微课”充分集合了多媒体教学优势。微课教学除了具有直观生动的特点，还结合了多媒体合成和多元化的优势，并借助微视频展示出来，可实现语文知识的有效传导，提升语文课堂的教学质量。

其次，“微课”切合小学生学习特点。小学生在语文学习中，能够持续保持注意力的时间大概在二十分钟之内，且更加侧重于对形象的认知。微课在教学内容和形式方面所具有的独特性和优越性，一般为小学生提供5—8分钟的核心内容，符合小学生的学习特点。

同时，“微课”优化了教学内容。在微课体系中有“微反思”，能够让教师观看自己授课的录像，然后进行剖析和评价，发现不足之处再进行调整或者改进。通过播放微视频并观察学生的反应，教师能够清楚地了解哪些环节能引起学生的强烈兴趣，哪些需要进一步改进，从而优化教学内容。

## 二、微课在小学语文教学中的运用策略

结合小学语文的教学实际和小学生的心理特点，教师在运用微课时应探究以下几个方面的策略。

首先，教师要利用“微课”把抽象知识变得具体形象。在小学语文识字教学中，教师可以利用微课为学生营造良好的识字氛围，以充分调动学生的识字兴趣，不断激发其体验识字的乐趣。如：在教学《口耳目》时，教师可先让学生了解象形字演变成汉字的整个过程。但在实际生活中，学生从未接触过汉字的演变过程，而且在课本上也没有相应的插图，故无法满足教学需求。这时教师就可借助“口耳目”微课，生动形象地向学生展示象形字向汉字的演变过程，也让学生体会到象形字演变的神奇感，引发学生对汉字的浓厚兴趣。教师在利用微课教学解决识字疑难的同时，可开展师生之间的互动探讨，充分调动学生内在的学习动机，逐步增强学生自主学习和有效解决问题的能力。

其次，教师要利用“微课”把知识带入生活。教师在语文教学中要注重从学生生活实际出发，从学生的学习兴趣出发，通过微课来展示生活中的物品，同时围绕这些物品来开展动手活动。每一个实践活动都有一个相应的主题，教师要引导学生围绕主题去搜集资料，并交流收获。如：在教学《自选商场》时，教师可以制作微课，展示出文中所要认识的各种商品：面包、牛奶、洗衣粉、火腿肠、毛巾、牙膏……在相应的商品下面标注实物的名称，用微课的方式呈现出来。由于图文结

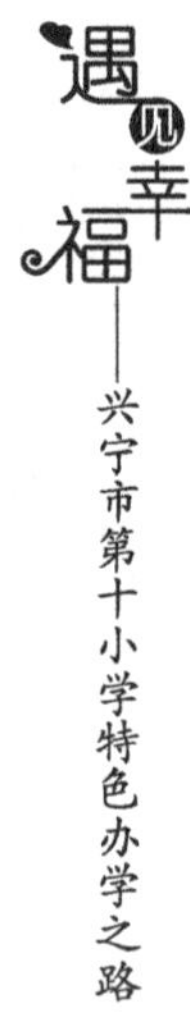


合，学生很容易理解不同的物品所代表的意思，能够更快地进入动态的教学环境中去，学生受到启发后，兴趣也就高涨了，而且，无形中还化解了对生字的理解难度。教师还可以举行“自选商场”“水果超市”等识字活动，让学生将生活与学习紧密联系起来。像这样，教师以微课的形式，通过实物对比，并结合课文内容的分析，就让学生感受到：自己居然能够到生活中去认字！这就将被动学习转化为主动学习了。

同时，教师要利用“微课”把让课堂充满童趣。教师可以借助微课，让学生在阅读童话故事中认识生字。有的生字与童话故事中的主要人物、事件、景色等方面有着紧密的内在联系。遇到这样的情况，教师可以通过微课，将这些生字以故事的形式展现在学生眼前，既能让学生轻松识字，又能让他们享受童话故事的乐趣。如：在学习《小熊住山洞》一文时，教师通过微课展示，将文字配上图片以及轻松欢快的音乐，为学生演示画面：小熊想建造木头房子，但是一年四季都过去了，小熊却不愿去砍树做房子，所以小熊一直住在山洞里，但是森林里的动物们却很感激小熊……在课堂上，可先让学生观看微课，让他们来谈论自己所看到的、听到的、感受到的，再进入识字的教学。在这里，微课通过直观动感的视频以及轻松有生气的朗读，让学生在视觉的冲击下感受生字的意思。如此将直观的形象同想象相互结合，便能够更好地激发学生的学习兴趣。

再者，教师要利用“微课”解决教学重难点。在语文教学中，提高学生的作文水平是一难题。学生作文中往往出现许多非常简单的错误，而这些问题是可以通过学生自己的努力或者同学间的帮助来解决的。但是，在实际操作过程中，有的学生不愿意与同学交换修改作文，而且自己的修改热情也不高。在这样的情况下，教师就可以播放《四色笔》这样的视频来做辅助教学——在视频中，一位学生准备了黑色、绿色、蓝色三支笔。写作文使用黑色笔，让同伴帮助修改则使用绿色笔，自己再修改时便使用蓝色笔。而教师则使用红色笔进行点评和批改。通过微课的展示，由于修改时使用的字迹颜色不同，所以教师就能够清楚地看到学生之间的互动，及时掌握学生的问题所在。由此也能让学生在潜移默化中增强合作学习的能力，增进合作意识，并在相互修改和自我修改的过程中，提高作文水平。

最后，教师要利用“微课”去丰富、拓展和提升学生的综合能力。在课文学习结束时，学生一般都会感觉意犹未尽。这时教师就可针对课文的内容，向学生推荐一些课外知识，让学生的知识得到拓展，不断开阔学生的阅读视野，调动学生学习的积极性。而微课则是教师能够最大限度地开发相应的课程资源，促进学生将课内的学习同课外学习有机联系起来，并懂得去运用和结合必不可少的得力助手。如：在教学《小壁虎借尾巴》时，在拓展延伸环节，教师可以播放视频《小动物尾巴的妙用》。通过观看视频，学生就能够明白小动物尾巴的用处。此时，教师还可以提出“你还知道哪些小动物尾巴的作用”这样的问题，让学生在阅读课外书、利用网络搜寻资料等渠道中，主动了解许多小动物尾巴的用处。像这样，以微课的形式，将课内外的知识结合起来，不仅丰富了学生的知识容量，扩展了学生的阅读视野，提升了学生的阅读和辨析能力。

## 三、积极挖掘微课在小学语文教改中的价值

首先，教师应转变教学观念。一方面，要敢于尝试打破传统的小学语文课堂组织环节，一节课不一定有冗长的前奏和后奏，可以将内容进行整理后以更加优化的方式、主次鲜明地组织起来。另一方面，不仅是要进行小学语文的专业知识的教学储存和准备，还应该加强教育技术和视听语言等方面的学习和提高。只有这样，在微视频的制作过程中，才能借助先进的信息技术手段将自己的教学设计以最佳的方式呈现出来。

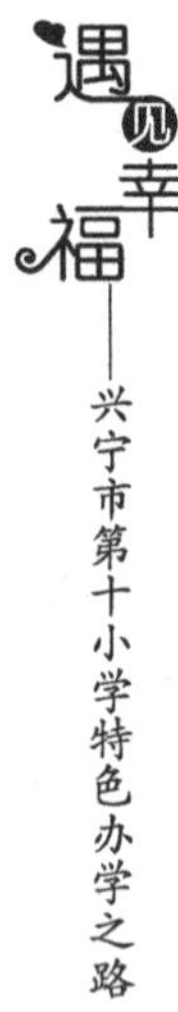


其次，学校应组建和开发微课教研团队。微课程的构建是基于微课的开发，它在很大程度上突破了传统教学的局限，为教师的课堂教学提供了新方法、新手段，逐渐会成为教师专业成长的重要途径。更有效的微课制作方式应该是团队合作制作，所以，从长远来看，教研处应该组建微课开发团队，促进教学改革，适应教学趋势，增进教师交流、加强教师团队合作。在教学团队中发挥各个成员的优势，形成优势互补：普通话标准的教师主讲汉语拼音，粉笔字漂亮的教师主讲汉字部首，技术过硬的教师进行视频制作，等等。微课开发团队不仅负责微视频的开发，还包括微教案、微课件、微练习的制作，还应该组织成员一起进行微视频的点评和修改，形成微反思和微点评。

再次，学校应建立能够实现资源共享的“微课”视频库。目前，微课的教学模式已逐步走向成熟，微视频也会逐渐积累起来，内容也会从分散到有序并逐步形成体系，使微课程不断发展全面开花，其他课程也会加入微课程改革行列。因此，学校就需要一个能够让教师实现资源共享的“微课”平台，进行分类、整理、分享优质的微课视频，并将本校的微课视频资源库发布在学校主页的网络共享平台上，供兄弟学校交流使用，从而达共建、共享、合作、共赢的目的。

此外，教师应引导家长参与语文教学。微课可以为家长提供丰富的教育资源，以便其指导自己的孩子。微课的微视频内容小而精、格式通用、便于携带和传输。在便携式电子设备逐渐普及的今天，普通家庭使用一般的电脑、手机或电子播放器都能够使微视频正常地进行学习。小学语文微课的优势比较突出，音节的发音可以直接准确听见，汉字的字形及书写笔顺可以直观看见等等。家长可以通过微视频现学现用及时为孩子纠正或补差，相当于将课堂老师请回了家。

总而言之，在小学语文课程中运用微课进行教学，能够通过图像、声音、文字等方式，达到视听并举为学生提供直观、活跃的学习氛围；能帮助学生更加快捷地了解知识和掌握知识，让学生能够感受到课文内容自然、真实的一面，甚至可以达到恰似身临其境的效果，从而诱发学生的情感体验；能为学生开辟全方位的思维通道，扩大信息接收量，促进其分析能力的形成和发展，提升其鉴赏能力和判断能力。所以，语文教师在教学中一定要想方设法让微课成为积极助推小学语文精彩课堂的核动力。

（原载《教育学》2019 年第 13 期）

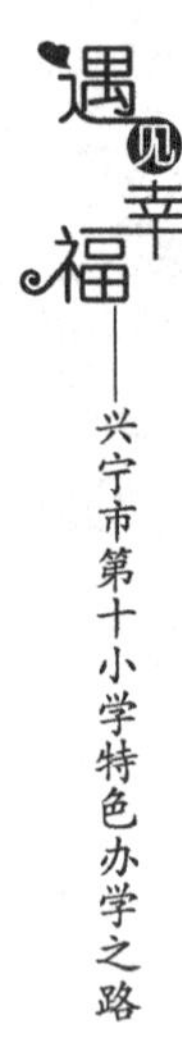


# 浅谈课外阅读在小学语文作文教学中的重要性

梅州兴宁市第十小学　余贵珠

## 一、引言

学生的阅读能力与课外阅读有很大关系，学生课外阅读量越大，阅读能力越强。在小学语文教学中，教师们经常会让学生们在学习一篇新课文之前阅读一遍，目的就是为了提高学生们的阅读能力和理解能力，学生在阅读的同时，会用自己的思维去思考，然后加上一些自己生活中的经验来理解文章的含义。另一方面，阅读会让学生对外面的世界有了一些新的认识，课外阅读会丰富学生的知识面，开拓学生的视野，为学生以后的学习和生活做好了铺垫。再者，课外阅读还对学生的写作有很大的帮助，学生在平时的课外阅读中遇见一些美好的句子可以摘抄下来，反复阅读，在理解的基础上加以背诵，变成自己的东西，以后在写作文的时候也可以采用类似的方法描述，能使自己的作文更有亮点，更有内涵。

**1. 课外阅读可以培养学生对语文的学习兴趣**

小学生由于年龄因素，他们还正处于贪玩的时候，所以，很多时候他们只会顾着玩，自主学习的意识很微弱，在这种情况下，如果他们的教师要求他们每天必须阅读一篇课外的文章，那么，他们不得不完成这个任务，久而久之，他们并不会把阅读当成是一个简简单单的任务，他们会逐渐养成一个习惯，这个习惯便是勤于阅读的好习惯，他们会在阅读中找寻到快乐，在知识的海洋里寻找属于自己的那一叶扁舟。所以，良好的课外阅读会让学生对知识产生渴求，对语文产生浓厚的兴趣。

另外，教师在教学生写作的时候，应该注重提高学生参与的积极性，让学生体会到课外阅读的乐趣。教师可以鼓励学生多摘抄美词美句，多模仿优秀作文的写作手法。教师也可以从学生们的角度进行思考，考虑到学生们大多还是爱玩的小孩子，所以可以让学生们写写在日常生活中遇到的好玩有趣的事情，运用在阅读中学到的写作技巧把自己日常生活中的足迹留在空白的纸张上。这样既可以让学生们记下自己开心的事情，又能提高学生的写作水平，激发学生对课外阅读的兴趣。

**2. 课外阅读可以提高学生语文写作的能力**

一些家长对于孩子进行课外阅读或许是不太赞成的，他们会觉得语文课上的学习已经足够了，不需要将时间花在课外阅读上，提高写作能力还是要看作文辅导资料。这种观点是存在一定的片面性的。因为在语文课上的学习时间很短，知识的积累肯定是有限的，如果不进行课外阅读，光靠看看作文辅导资料，作文水平是比较难得到提高的。因此，教师应该在空余时间与家长们进行交流沟通，让家长们及时了解到课外阅读在作文能力提升中起到的重要作用。

课外阅读可以提升学生的阅读速度，让学生对语言的敏感度得到提升，写作的时候用词也会更加恰当。另外，学生在阅读的过程中，可以养成记笔记的习惯，看见优美的词句可以摘抄下来，在空余时间可以细细品味，也可以激励自己写出更好更美的句子。课外阅读还可以培养学生对身边的事物的感知能力，对学生的成长起着一定的作用。

教师在进行小学语文作文教学的过程中，应该充分认识到课外阅读在语文作文教学中的重要性。学生通过课外阅读可以加深对词语的理

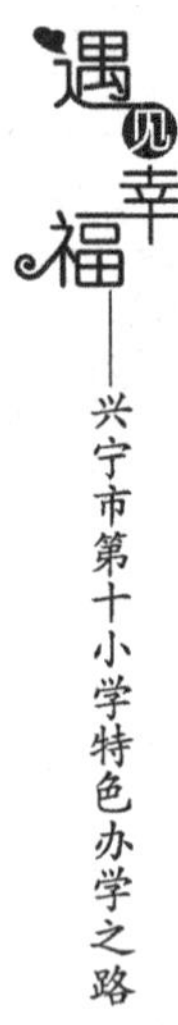


解，积累素材，提高写作水平。另外，教师可以将课外阅读延伸到课堂中，就比如，某位同学昨天在课外阅读的时候遇到不理解的句子，便可以在今天的课堂上和老师和同学一起讨论。这样的讨论可以带动大家对学习的积极性，也可以让学生的学习效率得到提升。

**3. 课外阅读可以为写作积累素材**

写作的难点便在于没有合适的素材，所以，小学生在平时应该注重素材的积累。那么，素材从何而来？素材可以是生活中的积累，也可以是阅读中的积累。学生们在课外阅读的同时应该勤动手记笔记，将一些好的素材记下，便于以后的使用，另外，学生在阅读的同时也可以经常和小伙伴们进行阅读的交流，将自己阅读后的感悟跟小伙伴们一起分享，把阅读后的疑惑跟小伙伴们一起讨论，这也是一个很好的积累过程。教师也可以建议学生们分组进行阅读，三五人一组，同组人阅读相同的内容，读后进行知识积累，感悟交流，疑惑讨论。这种分组阅读的方式可以极大地提高学生们的阅读兴趣，对学生们的阅读能力的提高也有很大的帮助。同时，这种课外阅读方式对学生的素材积累有了很大的帮助，他们可以在阅读的过程中记录下好的素材，而这种课外阅读的形式也可以让他们在阅读中感受到快乐。

教师在进行小学语文作文教学的过程中，要积极主动地向学生解答在阅读中遇见的疑惑，因为可能有些学生害羞胆小，不敢主动向老师寻求帮助，所以，教师在上课或课后可以主动询问学生在课外阅读中是否存在难以理解的句子。另外，教师也可以建立一种奖励机制，就是每当学生提出一个在课外阅读中遇到的问题（要认真提问，保证问题的质量），便可以获得一朵小红花，红花积满了十朵便可以获得一支笔或一本笔记本，这样的奖励机制对于小学生来说是一个很有效的办法，因为小学生们认为获得奖励是一件非常荣耀的事情，既会得到小伙伴们的羡慕，又会得到老师的喜欢，还会得到家长的表扬，所以他们会积极参与到这个活动中。

## 二、结语

本文分别从培养学生学习语文的兴趣、学生语文写作的能力和阅读积累写作素材这三个方面介绍课外阅读对小学语文作文教学中的重要性，表明了课外阅读在小学语文作文教学中起着至关重要的作用，教师应该给予高度重视。课外阅读不仅会影响学生的写作水平，还会影响学生对外界和周边事物的感知能力，另外，它还会影响学生对语文学习的兴趣。所以，教师应该充分调动学生对课外阅读的积极性，鼓励学生进行课外阅读的同时要注意做好笔记，做好素材积累的工作，方便写作时素材的运用。

**参考文献**

[1] 徐艳. 浅谈课外阅读在小学语文作文教学中的重要性 [J]. 学周刊，2015（1）.

[2] 刘立红. 课外阅读在小学语文作文教学中的重要性探讨 [J]. 中华少年，2016（3）.

[3] 周晓艳. 课外阅读在小学语文作文教学中的重要性 [J]. 中国校外教育，2015（35）.

（原载《博览群书》2017 年 2 月）

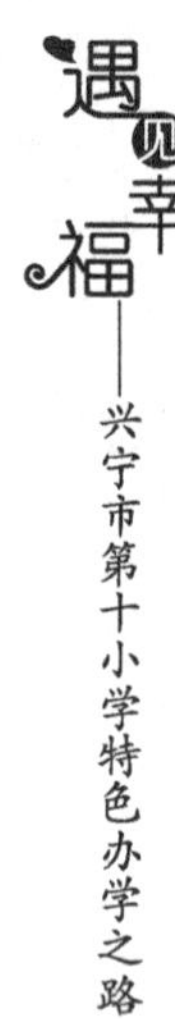


# 提高数学课堂教学有效性的策略

梅州兴宁市第十小学　薛进标

数学课堂教学要转变教学方式，注重创设情境，激发学生的学习热情，以学生为主体，努力提高数学课堂教学有效性。

## 一、创设情境，激发学习兴趣

“兴趣是最好的老师。”教师应设计恰当的问题情境，激发学生的学习兴趣和热情，让学生主动参与教学活动。

### 1. 利用教材内容再现情境

在数学教学中，每节新授课都备有相应的情境图。我们应从教材内容出发，准确理解知识的含义及蕴含的思想方法，恰当地组织素材，再现教学内容情境，激发学生学习兴趣。如：在百分数教学时，以播放足球比赛录像片段这一情境引到学校班际足球赛。从中引出问题：假如我队获得一个宝贵的罚点球机会，你会安排哪位球员来主罚这次点球？这时出示表格，要求同学们比较一下队员中罚点球较好的几位同学的成绩，然后再定夺，同学们热情高涨，很快进入学习状态。

### 2. 利用故事形式创设情境

在教学中适当引入一些与教学内容有关的故事、寓言、典故、趣闻等，让学生兴致勃勃地投入到新知识的学习中去，变好奇心为浓厚的学习兴趣。如：在学习《分数基本性质》时，我讲述了学生感兴趣的《西游记》中八戒吃西瓜的故事：一天，唐僧师徒四人口渴难忍，孙悟空找来一个西瓜。唐僧说："我把西瓜平均分成四块，每人一块吧。"猪八戒说："不行！我要两块。"唐僧应该怎样分才能满足猪八戒的要求，又让大家吃得同样多呢？个个同学都跃跃欲试。这样就很自然地激发了学生的求知欲望。

## 二、师生互动，转变教学方式

### 1. 采用灵活的教学方式

《数学课程标准》明确指出："学生学习应当是一个生动活泼的、主动的和富有个性的过程，认真听讲、积极思考、动手实践、自主探索、合作交流等，都是学生学习数学的重要方式。"在课堂教学中，要积极采用小组合作、同伴讨论、全班交流等学习方式，使每个学生都有机会参与知识产生与发展的全过程。

教师要认真研究教学方式，探寻适合学生实际并符合教材内容特征的教学方式，而不能刻意追求形式多样、目的不明、脱离学生认知水平和生活实际的教学方式。我们要通过确立自主、探索、合作、体验、讨论等教学方式，努力实现学生独立思考、同伴互学、小组探索、合作交流、教师引导等多种学习方式的有机结合，重视教学方式的优选活用，有效提高课堂教学效率。例如：在低年级教学中以同桌的异质搭配为基础组成学习伙伴，通过互学活动培养合作意识。在中高年级教学中，我们采用探究学习方式扩大学习空间，结合社会实践，让学生在解决身边的具体问题中学习数学知识。

### 2. 实施自主探索的学习过程

在课堂教学中教师提供学生动手实践、自主探索的时间和空间，让学生经历观察、猜想、验证等数学活动，在丰富的活动中经历探索有关数学问题，优化自主探索的学习方式。在操作上应注意选材，要呈现实

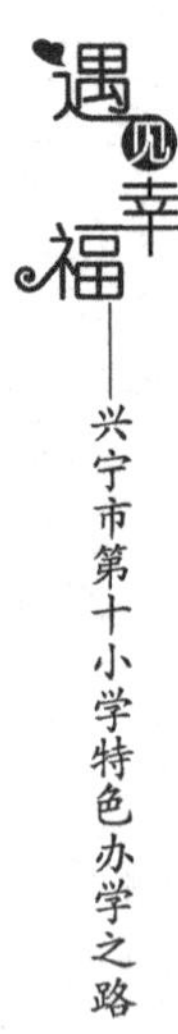


践性和应用性，过程要突出自主性和建构性，结论要体现多元性和开放性。教师要改变以例题示范为主的教学方式，要以开放、宽容的态度，以期待信任的眼光引导学生投入到充满探索性和挑战性的学习活动中去，让学生在自主探索中体验获取知识的喜悦。

**3. 设计经历知识形成的数学活动**

在课堂教学中根据学生已有的学习经验，向学生提供充分参与数学活动的机会，帮助他们在自主探索、合作交流的过程中真正理解和掌握基本的数学知识与技能，数学思想与方法，获得广泛的数学活动经验。

如教学《角的度量》一课，整节课知识难度不大，简单说就是让学生学会用量角器度量角的大小。课堂上我紧扣“使学生经历量角方法的探索过程，了解量角器的构造特点，掌握正确的量角方法”这一教学目标，先让学生感受量角要用量角器的必要性，然后让他们动手操作，去经历点对齐、边对齐的正确量角方法，再让学生领悟应该怎样读数，是读内刻度还是读外刻度……这些过程在教师的引导下，让学生去操作，去探究，去体验，气氛活跃，收到良好的教学效果。

## 三、实践应用，培养创新意识

教师要让学生认识到数学知识跟日常生活的紧密联系，让学生体验数学知识来源于生活，而又运用于生活。如教学“确定位置”那节课，在教授学生新知识后让学生联系生活实际进行描述自己从家到学校及从学校到家的行走路线的练习，或者结合本地旅游景点，在景区图上确定位置。又如当学习了厘米后，可提出：你认为在日常生活中，哪些物体要用厘米去量，哪些物体要用分米、米去量，请你实际量一量，并把结果列表记录下来。学习了统计，可以让学生课后去调查本校各年级人数，再制成统计图，并从图中获得哪些信息。教师创设一些开放性的实际问题，有利于学生感受数学的价值和意义，培养学生的创新意识和实践能力。

## 四、激励评价，促进全面发展

对学生学习的评价，既要关注学生知识与技能的理解和掌握，更要关注他们情感与态度的形成和发展；既要关注学生数学学习的结果，更要关注他们在学习过程中的变化和发展。

教师在评价学生时要用肯定、激励、赞赏的语言进行评价。如：对优生可说："你说得太好了，我怎么没想到呢？"对后进生可说："相信自己，你一定能做好。"在教学过程中，教师要善于捕捉每一个闪光点，对学生的每一次进步，每一次有价值的行为都给予正面评价，让每一位学生都能获得成功的体验，激励学生的学习热情，促进学生的全面发展。

参考文献

［1］义务教育数学课程标准（2011年版）解读［M］. 北京：北京师范大学出版社，2012.

［2］靳玉乐. 新课程下的教学方式转变［M］. 重庆：西南师范大学出版社，2012.

［3］吴正宪. 小学数学课堂教学策略：师生互动共同创建有效课堂［M］. 北京：北京师范大学出版社，2010.

（原载《中小学教育》2020 年 12 月）

# 小学体育教学中培养学生良好品格的探究

梅州兴宁市第十小学　黄　军

随着新课改推行素质教育的要求，教师教书育人不仅包含传播知识，还包括培养学生良好的品格。在品格建立过程中，家庭环境、学校环境与社会环境共同构成的环境，具有决定性作用，家长与教师在学生小学阶段，就应努力为学生营造良好的学习与生活环境，注重学生品格的培养，为学生建立良好品格奠定基础。在小学体育教学中，探究培养学生良好品格具有重要意义。

## 一、素质教育，明确责任

在小学体育教学中，教师应注重学生的素质教育，让学生明确自己应当承担的责任。如果将体育课堂进程细分为三个阶段，那么第一阶段就是素质教育，第二阶段是体育锻炼，第三阶段是总结活动与安排任务。显然第二阶段是课堂的核心，但第一阶段的素质教育却影响学生整个体育课堂的表现以及生活习惯。所以教师可以分配更多的时间在体育课的第一阶段，着重向学生讲授“良好的品格”的相关知识，让学生明白“良好的品格具体包括哪些？”“为什么我们要建立良好的品格？”“在课堂中我们如何做才能拥有良好的品格？”等问题的答案，这些知识是学生走进体育课堂进行锻炼的基础，即教师应先开展素质教育，培养学生良好的品格，让学生知道自己在课堂内外都要具有强烈的责任心，明确自己的责任并付出行动。

例如，在一年级的体育课堂中，学生因为第一次走出室内的学习进入户外的活动而无拘无束，不知道体育课堂应该遵守的规律和注意的事项，体育教师可以在每次课堂初始时对学生强调要具备“善良，诚实，宽容，尊重，和谐”等良好的品格。长期的素质教育会创造良好的道德培养环境，引导学生如何与人相处，明确自己的责任，有助于学生收获真挚的友谊。

## 二、设定目标，培养品质

有了目标才有方向，目标指引学生高效地完成自己的课堂任务。在小学体育课堂中，教师可以在课堂中明确提出自己对学生的要求，让学生在体育锻炼的过程中，慢慢学会建立良好的品格。体育课堂中有较多的合作项目，学生根据教师的示范进行运动锻炼时，教师可以逐步教导他们具体的方法，要求学生团结合作，协调一致，共同完成任务。同时有规律的运动锻炼有益于学生的身体健康，教师可根据需要要求学生完成一些体育项目，让学生坚持完成体育课堂目标，培养学生坚持不懈、持之以恒的品质。由此可见，教师可以恰当设定目标，督促学生完成体育课堂目标，在这一过程中，教师无形中培养了学生的品格。

例如，在小学体育课堂中，教师在教导学生做伸展运动时，可以要求学生以两个学生为一组，进行对拉，每个组合因为力的相互作用而使两个学生都对韧带进行了拉伸，效益比单个人完成伸展运动更大。而在这一过程中，学生一定需要相互之间的沟通，团结合作。教师可要求学生必须两人或者多人合作完成任务，指导学生友好合作，最终培养学生良好的品格。

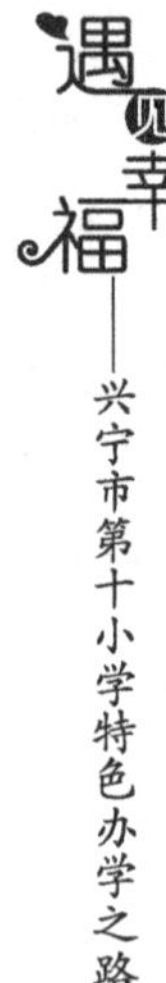

## 三、增设环节，加强韧性

在小学体育课堂中，丰富的体育活动不仅会给学生带来健康的体质，还会给他们带来快乐。当教师增设运动环节时，学生的韧性在不知不觉中加强。不可否认，加强体育锻炼能够强身健体，这是外在的改变，而内在的改变就是“韧性”。“韧性”有两个释义，第一个为“物体柔软坚实”，第二个为“顽强持久的精神，坚忍不拔的意志”。其中顽强持久的精神，坚忍不拔的意志是一种体育精神，一种良好的品格。教师增设运动环节，更好地锻炼了学生的身体，让他们拥有坚实的体魄，逐渐养成坚忍不拔的意志。

例如，在小学体育课堂中，设有短跑、跳远、跳高等项目，体育教师可以将短跑改为长跑，提高跳远的合格距离，增加三级跳、绕环跑等项目，这些活动只是在原本的体育项目基础上，提高了一点难度，更具有挑战性与趣味性，一定程度上加强了学生的体育锻炼。丰富的体育活动让学生在实践中感受到快乐，更深刻体会体育锻炼的过程，坚持完成自己的课堂任务。教师可以依据学生的身体素质合理增设体育项目，因材施教，让学生在多种体育锻炼中加强自己的韧性，促进良好品格的形成。

## 四、集体活动，互帮互助

集体活动需要学生团结合作，互帮互助。合作的力量与效益往往大于个人，所以体育教师可以更多地安排合作项目。在集体活动中，教师首先说明学生需要完成的健身运动，教导学生找到自己的伙伴，互相帮助，在合作中学会协调，相互理解与包容。教师在课堂中务必向学生说明集体活动中理解与包容的重要性，因为在一项由学生共同完成的任务中，大家互相配合，但矛盾或者分歧难免会发生，教师应该适时教导学生学会宽以待人。每个人都会犯错，自己犯错时总是希望他人谅解，那么当别人与自己有分歧时，学生应被教导怀有宽容的心态，由此在未来的生活里，伙伴才会回以善意。与此同时，教师应教导学生在集体活动中互帮互助，因为互相帮助能够快速完成共同的任务，也会加深彼此的友谊。在小学体育的教学中，教师安排适量的集体活动，教导学生学会宽容，互帮互助，是培养学生良好品格的极佳方式。

例如，在小学体育课堂中，跑步、跳远、跳高等都是单人项目，而接力赛、拔河、跳绳、羽毛球等是集体项目，教师可以安排更多像后者的集体项目，让学生学会在接力赛、拔河比赛中齐心协力，为集体荣誉而努力。在跳绳活动中，教师让学生共同制定活动规则，减少过多的个人主义，注重团队合作。在羽毛球的活动中教师教导学生不只是将对方当成对手，而是朋友，互相配合，协调一致。在这些需要合作的体育项目中，教师指导了学生如何在群体中帮助他人，让学生注重团结的精神，培养了学生良好的品格。

## 五、结语

总之，在小学体育教学中，教师注重素质教育，为学生设定目标，增设体育课堂环节，安排更多的集体活动等，对培养学生良好品格具有重大作用。教师应该注重培养学生良好的品格，让学生拥有更美好的人生。

参考文献

［1］史春明. 浅谈在小学体育教学中如何培养学生良好的心理素质［J］. 新课程学习（中），2012（12）.

［2］潘林福. 狠抓小学体育常规，培养学生养成教育［J］. 佳木斯教育学院学报，2013（2）.

［3］张健. 注重情感渗透，在体育教学中培养学生良好品格［J］. 考试周刊，2014（79）.

（原载《文理导航》2018 年 2 月）

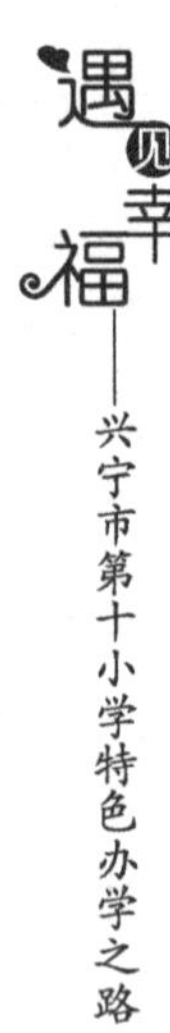


# 论如何让微课在小学语文课堂教学中闪光

梅州兴宁市第十小学　朱辉梅

## 一、积极创设教学情境，激发学生的学习兴趣

兴趣是最好的老师。在学习过程中，有了兴趣，学生才会产生强烈的学习愿望，表现出迫切的求知欲，主动地去学习。小学生由于年龄小，还处于形象思维的阶段，对直观形象、色彩鲜明的事物有着非常强烈的愿望。在教学过程中，通过微课手段将课本的抽象知识变得形象，利于小学生去注意去理解。鲜明的色彩，直观的形象，立体的动画，将小学生的兴趣引起，使课本知识变得鲜活，学生的学习过程变成了享受学习乐趣的过程，让小学生在绘声绘色的微课展示中达到身临其境的真实教学效果，从而让他们变得更加热爱学习语文。

如：在教学《月光曲》这篇课文时，教师运用富有艺术魅力的语言将月光照进茅屋的景象刻画出来，但是这么富有意境的清幽的月光美景还是无法让学生深刻地体会。当教师通过微课将这个情境展示给学生时，让学生身临其境，他们马上就被微课激起了兴趣，使学习过程入情入境。只有当学生的学习灵性被激发了，才能开启学生的智慧之门。

## 二、利用多种感官功能，激发学生的学习动力

小学语文教学活动是教与学的双向活动过程，尤其在微课的辅助

下，这个活动过程将发挥出更好的效果。教师要发挥教的作用，设疑质问，进行引导和点拨，学生要学会自主学习，在教师的启发下，通过自己的分析理解去获取知识。课堂学习过程的主体是学生，不是教师。教师要调动学生的眼、口、手、脑协调联动，启发学生主动观察，主动提问，去发现问题、分析问题并解决问题，使学生处在探索知识、积极寻求答案的学习状态中。学生积极参与，课堂教学氛围愉悦，那么课堂的质量和学习效率就会得到意想不到的效果。

如：在教学《掌声》一课时，教师可以通过微课将本课需要解决的问题展示出来，然后通过阅读分析去解决这些问题，当这些问题通过学生动口、动脑解决出来后，学生自主学习能力也得到了锻炼。学生在思索的过程中发挥出了自己的智慧和能力，真正当起学习的主人。可以这样说，在小学语文课堂教学中，有了微课的加入，学生的多种感官被调动，他们全方位参与到学习中去，学习的积极性被激发出来，课堂教学变得生机勃勃、充满活力。

## 三、构建师生互动空间，放飞学生想象的翅膀

语文博大精深，许多内容可意会而不可言传，可感悟而难于表达。所以在教学过程中，构建教学内容的理解，要引导学生各抒己见、深刻体会，同意学生发表不同的见解，让学生的思维插上翅膀。在微课的辅助下，让学生仁者见仁、智者见智，在教与学的互动中，大胆想象，积极思考，创造性地解决问题。并在教师的引导下，根据现有的经验和积累的知识发表不同的见解，对有异议的问题交流讨论。这时教师可以通过微课将课本需要解决的重点、难点、疑点进行展示，学生通过微课对知识进行理解感悟，体会学无止境的道理。有了微课的辅助，课堂气氛活跃开放，学生的自主学习空间变得更大更广，思维在无拘无束的讨论和交流中碰撞出智慧的火花，课堂教学充满生机。

如：在教学《富饶的西沙群岛》这篇课文时，在导入环节，依旧可

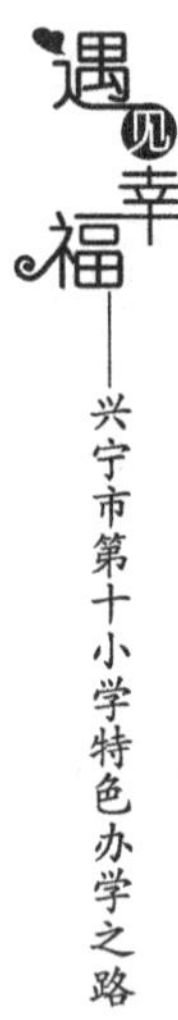


以选择微课，借助微课向学生展示了以西沙群岛为背景图的几个问题，如：（1）课文是围绕哪几方面描写西沙群岛可爱的呢？（2）你知道文本中所表达的中心思想是什么？（3）西沙群岛到底有哪些丰富的物产呢？……在抛出这些问题之后，组织学生结合自己在预习环节对文本的了解对问题进行讨论，之后，顺势将学生带入到本节课的学习之中，这样的过程不仅符合学生的认知规律，提高学生的课堂参与度，同时，也能促使学生在问题的推动下自主地成为课堂的主体。又如：在教学《春夜喜雨》这首古诗时，在导入环节，我借助微课向学生播放了“古诗新唱”，以“唱”的方式让学生了解该诗的内容，同时，新颖的展示形式也能重新激发起学生的学习兴趣，对提高导入环节的质量也有着密切的联系。而且，微课的视频中，我们还包含了相关的背景图片，目的就是帮助学生更好地理解诗歌中包含的意境，这对提高学生的学习效率也做好了基础性工作。教师可以先向学生介绍西沙群岛的地理位置，让学生知道西沙群岛是“我国的海防前哨”“是镶嵌在祖国大陆南边的一颗明珠”。接着利用微课将西沙群岛的美景直接展示给学生，让学生直观感受西沙群岛“风景优美、物产丰富”的特点。然后让学生展开想象的翅膀，让学生想象去西沙群岛游玩，让学生在愉悦的氛围中交流讨论，从而激发学生的爱国热情，陶冶学生热爱祖国的优美情操。

## 四、巧妙突破重难点，让课堂教学“活”起来

小学语文课堂教学过程中，由于小学生抽象思维能力弱，对知识的理解能力不强，所以课本中出现的重点、难点不好掌握。这时教师可以运用微课进行教学，来引起小学生的注意，引导他们向目标方向思考，以帮助学生掌握重点、突破难点，达到将知识消化的目的，真正地让课堂教学变得“活”起来。

如：教学《詹天佑》这篇课文时，引导学生理解詹天佑根据不同地形设计的两种凿井法和“人字形”线路，是这篇课文必须突破的难点。

只有将难点解决了，学生才会认识到詹天佑“杰出的才能”，也才能从实质上理解本文的中心意思。教师可以从课文内容的实际出发，利用微课进行教学，这将获得最佳的教学效果。将“人字形”线路用微课展示，先出现整个地形图像，伴随着一阵汽笛长鸣，一列火车下山时前拉后推，上山时后拉前推驶向远方。通过微课的展示，学生非常直观地认识了“人字形”线路，并体会到“人字形”线路设计的巧妙。微课的运用，视听结合，声情并茂，新颖有趣，使学生在整个课堂教学的轻松气氛中兴趣盎然地参与到语文学习中去。

## 五、鼓励和激发学生创新，营造展现自我平台

在小学语文教学中，教师要热爱学生，平等对待每一个学生，对任何学生都积极鼓励尊重，没有歧视，善于发现每个学生的闪光点，积极创造条件，引导他们参与适合自己的学习过程，大胆求异，让每个学生都发挥出自己的特长，展现出自我。教师多方位、多角度创造性地创造条件，学生在教师的尊重下，在教师耐心的鼓励下，积极探索，勇于创新，不但自信心被激发，学习的创造性也被激活，学习的主动性就大大提高。尤其是微课的加入，也为教师引导小学生开展求异思维提供了良好的学习环境和机会。微课形象生动，教师在此基础上旁征博引，增加了说服力，从而激发学生的求知欲望。

如：在教学《要是你在野外迷了路》一课时，教师用微课展示太阳、星空辨别方向，然后引导学生思考：还有什么辨别方向的方法？这时教师允许每个学生都积极发言讨论，并予以鼓励，不管答案正确与否，都给予学生尊重，如：“其实你很聪明，只要多一些努力，你一定会学得很棒。”“你的看法很独特！”让学生在教师的鼓励下变得喜欢发言，喜欢学习，喜欢上语文课。又如：教学《赵州桥》时，利用微课，为学生展示桥梁知识、古今中外各种著名桥梁图片等，教学《果园机器人》，利用微课，展示各种机器人的图片及资料，使学生深入了解

到机器人已广泛应用到了我们生活的各个领域，激发学生对科学技术的探究欲。而这些微课资料，都能有效补充课本知识，开拓了学生的视野，对我们的语文教学起到了很好的辅助效果。

综上所述，教师要千方百计让微课辅助下的语文课堂变得丰富多彩。教师要充分利用微课的优越性，让语文课堂变成学生学习的乐园，要让学生的个性能够得到张扬，要让语文课堂充满活力。要利用微课积极创设教学情境，激发学生的学习兴趣和学习动力，放飞学生想象的翅膀，巧妙突破重难点，大胆鼓励和激发学生创新，为学生营造展现自我的平台，让微课在小学语文教学中闪光。

参考文献

[1] 胡铁生，黄明燕，李民. 我国微课发展的三个阶段及其启示[J]. 远程教育杂志，2013（4）.

[2] 胡铁生. “微课”：区域教育信息资源发展的新趋势[J]. 电化教育研究，2011（10）.

（原载《教育学》2019 年第 13 期）

# 互联网时代小学生语文课外阅读教学的策略

梅州兴宁市第十小学　罗思燕

## 一、引言

新课标指出："要重视培养学生广泛的阅读兴趣，扩大阅读面，增加阅读量，提高阅读品位……关注学生通过多种媒介的阅读，鼓励学生自主选择优秀的阅读材料。"在互联网时代，儿童互联网阅读是课程改革的需要，在"互联网+"这一新形态下，利用信息技术让互联网与推动小学生阅读进行深度融合，提高小学生阅读水平，培养学生自主阅读能力，培养小学生的人文素质。但就目前小学生课外阅读现状而言还存在一些不尽人意的地方，因此，有必要重新审视小学生课外阅读中存在的主要问题，探讨解决问题的对策，增强小学生的课外阅读意识和能力，以适应未来社会的发展。

## 二、互联网时代小学生阅读存在的主要问题

随着电脑的普及，信息高速公路的全面开通，以光、磁等为质料的电子书刊很快走进人们的阅读视野，内容丰富并呈现出多元化的发展倾向，逐渐受到人们的喜欢。但目前小学生阅读存在阅读量少，阅读思维

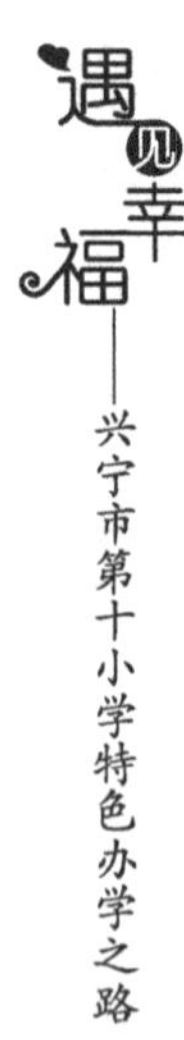


不强、阅读习惯不佳、阅读手段不新的现状，造成阅读收效不良。小学生阅读收效差不仅表现在获取信息能力低下方面，还表现在他们较弱的处理信息、运用信息的能力上。

## 三、互联网时代小学生语文课外阅读应采取的策略

### （一）发挥互联网的视听特点，激发阅读兴趣

兴趣在人的行动中是最具活力的主观因素。对于年龄小、自制力较差的小学生来说，开展课外阅读，兴趣就显得尤为重要。传统文字阅读，小学生往往感到厌烦。如果我们在阅读教学中能够让学生利用多媒体、网络资源，加强生本（学生与文本）对话、生生对话、师生对话，用智慧点燃智慧，用心灵沟通心灵，用创新激活创新，引导学生在阅读实践中学会欣赏、鉴赏，就能激发学生的阅读兴趣。其次要积极营造良好的读书氛围，建立起以学校图书馆、阅览室为基地的校级“阅读中心”，以学校电脑室为主的“电子阅览实验室”，每天定时开放阅读基地，鼓励学生主动参与课外阅读。此外还要开展丰富多彩的课外阅读活动，并可以邀请家长参加学校举办的阅读活动，这样学生学习的积极性得到促进，阅读兴趣得到全面培养，阅读能力得到最大限度的提高。

### （二）借助互联网推荐读物，丰富阅读内容

互联网具有丰富的信息承载，为语文阅读教学提供了丰富的资源。当学生的阅读兴趣被充分调动起来以后，教师阅读教学的重点就应放在“读什么”和“怎样读”方面。此时教师通过课文这个例子去见“缝”插“针”，举一反三，选择合适的补充材料扩展学生的阅读内容范围。在扩展阅读中，语文教师应及时向学生推荐有关的阅读材料，在广泛涉猎的基础上，利用板报、图书角、红领巾广播站、校园网、互联网页，甚至可以专辟“网上读物推介课”，及时推介网络上采集来的内容丰富的优秀少儿读物给学生读，使他们在个性阅读的基础上成为博古通今、

上晓天文下知地理的“小博士”。

**（三）开展互动交流活动，强化主题认识**

由于学生个人的知识技能、个性心理和生活规律的不同，再加上同一事物不同视角的认识对整体地理解该事物具有特定价值，因此在课堂教学中让学生互相交流，展示各自的认识、看法与成果，通过不同视角、不同观点之间的相互碰撞、补充与完善，加深对阅读主题的认识。如学习《草船借箭》后，学生认识了心胸狭窄，妒忌心强的周瑜，这与其在《赤壁之战》中智勇双全的形象似乎对不上号，使学生对周瑜的认识有些模糊。此时教师指导学生上网查询《三国演义》有关资料，在网络阅读时逐步形成自己的观点和看法。有的学生搜寻到第四十九回“七星坛诸葛祭风，三江口周瑜纵火”，见识了周瑜的智与勇，有的学生从“孔明三气周公瑾”的情节认识到周瑜的心胸狭窄。互联网这种以快捷的形式呈现学生所需要的内容，为学生的阅读提供了方便，使学生能更加便捷地从不同事件、不同角度认识人物，使人物形象更加立体、丰满、真实。有条件的情况下，学生也可以在网上发表自己对文章的见解和评价，甚至进行激烈的网上讨论。同时学生还可以通过电子邮件、电子公告板等方式进行网上交流，展示自己的个人主页，互相推荐一些好的读物，与教师同学进行交流，探讨阅读中出现的问题。

**（四）传授阅读方法和技巧，提高阅读效率**

进入互联网时代，阅读方式从纸质阅读过渡到电子阅读。相比传统的纸质阅读，电子阅读的传递更加迅速、便捷，能够加速知识普及的过程。中国阅读学会会长曾祥芹教授说：“在已进入信息时代的今天，如果再不把快读和略读放入到中小学阅读计划中来，那就太滞后了，显然于21世纪的要求极不相称。”阅读是教育的中心，也是读写能力的主要标志之一。一个学生如果要在21世纪大有可为的话，就必须掌握好阅读的技巧。因此，教师除了要教给学生精读、跳读、批注阅读的方法外，重点要对学生进行“三练”：一是训练学生的速读和略读能力，教师可

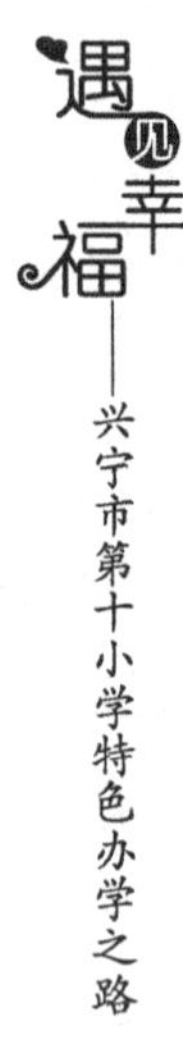


以利用多媒体的直观性和灵敏性，来强化小学生的速读和略读能力。二是演练听和看的能力，由于网上的阅读是一种超文本阅读，它所提供的是融语言、文字、音乐、图像于一体的感性阅读材料，离不开能听善看，因而“听”和“看”的能力在现代阅读中显得尤为重要。三是导练网上阅读能力，利用现代信息技术和网络所提供的丰富资源，保证足够时间，让学生上互联网，在实际操作中导练学生网上阅读能力，提高学生网上阅读效率。

**（五）培养小学生信息能力，促进自主阅读**

在这个互联网高速发展的信息时代，信息广泛渗透到科技、文化、经济的各个学科领域以及人类生活的各个方面。为适应未来社会的需要，培养学生的信息能力已迫在眉睫。培养信息能力，主要是培养收集、处理、交流信息等能力。由于小学生获取信息的能力较弱，教师在语文教学中应该注重对小学生信息能力的培养，比如：积极鼓励学生上网学习，开拓学生阅读视野，让学生课前查找资料，提高课内自主阅读效益，指导课后阅读延伸查找，拓展学生阅读视野，用互联网上的智力问题激发学生的学习兴趣，引导学生在互联网上阅读文章，提高阅读和写作能力，利用网络进行交友、信息咨询的方式交流信息……从而有效地提高学生采集信息、处理信息、交流信息的能力。但教师不要忘记携手家长提醒、监督学生合理安排上网时间及把握上网内容。

## 四、结束语

互联网的发展改变了教育教学和学习方式，极大地拓展了教育教学的时空界限。教师要积极拓展互联网的渠道，增强小学生课外阅读兴趣，营造良好的阅读氛围，突出表现小学生在互联网+状态下课外阅读的主体地位，增强小学生课外阅读的实效性，为学生的课外阅读保驾护航，让学生徜徉在书海中，在书的海洋中去积累语言，陶冶情操。

参考文献

[1] 中华人民共和国教育部. 义务教育语文课程标准[M]. 北京：北京师范大学出版社，2012.

[2] 李琦. 浅谈大学生信息检索能力的现状与对策[J]. 黑龙江史志，2014（5）.

[3] 姜广平. 新世纪语文教学视角前瞻[J]. 中学语文教学参考，2001（5）.

（原载《教育信息技术》2018 年第 4 期）

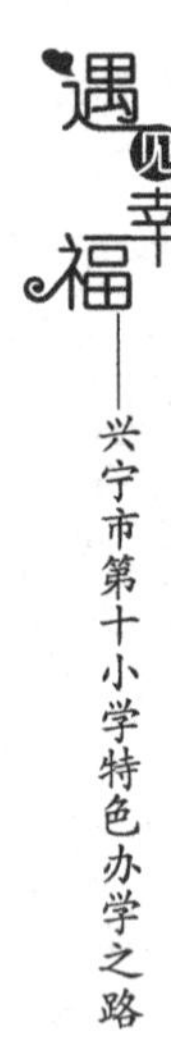


# 小学语文教学中推进合作学习的策略研究

梅州兴宁市第十小学　温小燕

团队合作能力是学生正常发展过程中需要重点培养的重要能力，它不仅仅影响着学生的思维方式以及以后待人接物的态度，还在很大程度上影响着学生的学习效果。团队合作能力的培养需要从小抓起，所以小学语文教师应当充分重视这一点，将合作学习的教学理念贯彻并落实到实际的教学活动中，利用积极的、贴近生活现实以及课堂教学内容的教学活动来促进学生的合作学习能力，提升语文课堂的教学效果与效率，培养学生的团队意识。

## 一、小学语文课堂合作学习的价值

小学教育已经向着素质化的方向发展了，也就是说教学强调的是最大程度地发挥学生的自主学习作用，使学生成为学习的主体。但是，我国是人口大国，目前随着我国小学教育的普及，小学教育面对的对象是非常庞大的群体，几乎每个班级都是学生人数很多的大班，学生的学习状况差异颇大，这自然给素质教育的有效开展带来了很大的障碍。而分组学习有效地解决了这一问题，其将教学班级中的学生分成几个人组成的学习小组，一方面，教师能够有效地利用合作学习进行教学，另一方面，这也提高了每一位学生在课堂学习活动中的参与程度，符合素质教育的要求。由此可见，合作学习在某种程度上就是小组学习，是利用几个人共同组成的小组集思广益地思考与解决具体的学习问题的教学方法，能够充分地发挥学生的积极学习作用，提升学生的整体学习素质，实现素质教育的远大目标。

## 二、利用合作学习进行小学语文教学的具体措施

### （一）加强学生的团队合作意识

在实际的小学语文教学，很多学生都非常缺乏团队合作意识。他们大部分是独生子女，几乎没有分享以及协作的概念，其中还有一部分学生的家庭没有对他们的这一教育予以足够的重视，导致他们十分缺乏合作的意识。相反，他们大部分都拥有非常强烈的自我表现欲望。因此，加强对学生合作意识的培养需要非常注意方法，不然可能适得其反。比如，采用说服教育的方式就很有可能带来消极结果，学生正处在对一切事物都拥有极大的好奇心与求知欲的阶段，教师应当充分利用他们的这一特点，采用有趣的方式对他们的合作意识进行培养。比如，教师可以通过向学生讲述蚂蚁运输食物的故事，引起同学们对合作的重视："一只蚂蚁在路上遇到了一块肉，它高兴极了，非常急切地希望把它搬回到自己的蚁穴里面去，可是它小小的身躯根本不能让这块肉移动一丝一毫。它非常着急，就在这个时候，另外几只蚂蚁从它身边经过，它想着如果被这几只蚂蚁发现，这块肉就不是它一个人的了。因此它躲到一旁，祈祷这几只蚂蚁不要发现这块肉。事实真的像它希望的那样进行着，可是它却依然只能看着这块肉发呆。就这样经过了很长时间，蚂蚁都快饿死了，但是它依然拒绝求助，后来在它奄奄一息的时候，它最终决定求助，在大伙的齐心协力之下，它总算是吃到了大家共同咬碎的肉末。最终它才明白合作才能使自己收获最多啊。"值得一提的是，讲故事的过程需要学生的注意力非常集中，因此教师要控制在25分钟以内，并时刻关注学生的注意力集中情况。

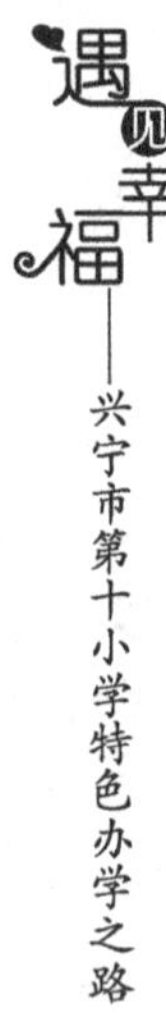


**（二）提升学生的集体竞争意识**

鼓励对学生来说非常具有激励作用，教师应当充分利用他们的这一特点。在合作学习的活动开展过程中，需要采用合适的评价方式。在进行评价的时候，教师应该重视的是如何使小组间形成良性的积极竞争。教师应对表现优异的小组给予一定的物质或者荣誉奖励，加强小组间的凝聚力与合作力度，使同学们的注意能力放在集体的荣誉上面。这样小组内就会互相帮助、互相扶持，每一知识与能力层次水平的学生都会努力地发挥自己最大的作用，优化自己与小组成员的课堂表现，为小组的集体表现贡献自己最大力量，在促进集体的成绩提升的过程中，学生也实现了自身的学习与成长。比如，教师可以利用小组间的比赛来进行生字熟悉这一课堂内容的教学，给所有小组相同的准备时间，再让他们分别在一分钟内通过小组成员接力的方式来完成课本中一定部分的词汇阅读，最终将每个小组的成绩都记录下来进行比较，利用民主评选的方式结合选出最后的优胜组。这一过程能够有效地促进合作学习，也能够培养学生的集体荣誉感。

**（三）采用有效的分组方法**

合作学习能够发挥积极作用的关键因素就是小组的合理组成，重点是每一个小组的组成成员能够对其他成员的主动学习以及积极参与起到一定的推动作用，这就是必须要依靠教师对小组的合理分化。分化的最重要依据，是要学习小组的成员形成互补局面，无论这种互补是属于性格层面的，或是学习能力水平层面的。只有互补，学生之间才能互相促进，和谐相处，若小组成员之间的相似性太高，则会失效组件的差距越发明显，如果有的小组全是各方面都比较优秀的学生，而其他小组的学生都是相对落后一点的学生，这样不利于形成积极的小组竞争，小组合作学习就不再有价值。因此，教室在分组的时候应该做到使小组学生之间的优势能够相互弥补，同时还要控制小组的人数，一般不要超过6人，但是也不要少于4人，这样才能够保证学生间既形成合作关系，又能各自充分发挥自己的主动性，使用自己的话语权。还有一项重要工作就是组长的确定，教师可以先让每一位小组成员都体验一下当组长的感觉，最终经由小组成员评选与成员的自身意愿的综合来选择最有能力、最能够使小组成员信服的组长，使小组管理能够高质量地进行。

合作学习既是实现素质教育的一大重要教学方法，亦已经是实际教学中比较普遍的教学形式。因为合作学习的确能够带来很好的效果，即使是在新时期，其实用性以及有效性都没有减弱。实施好这一教学方法需要学生的积极配合以及老师的辛勤努力，教师应该不断加强自己对合作性学习的教学能力，从理论层面以及知识层面双管齐下，同时有效地结合班级情况，对一定教学内容进行合作学习活动的设计，努力使合作学习的价值能够得到最大程度的体现。

参考文献

［1］周玉芝. 小学语文教学中推进合作学习的探讨［J］. 学子（理论版），2016（18）.

［2］陈莉. 新课程小学语文教学的合作学习方法探究［J］. 中国科教创新导刊，2012（36）.

［3］包雪奎. 新课程目标教学背景下小学语文课堂教学中的合作探究［J］. 课程教育研究：学法教法研究，2016（27）.

［4］李红松. 探究新课程背景下小学语文课堂教学的实效性［J］. 教育前沿（理论版），2009（2）.

（原载《广东教学》2017 年第 2765 期）

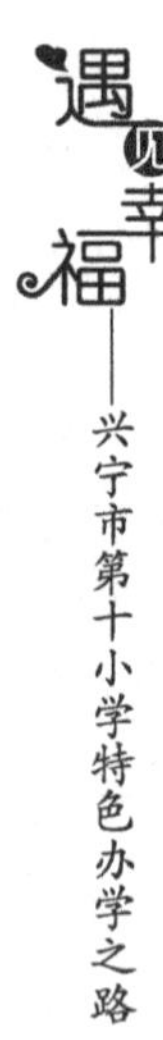


# 小学数学微课翻转课堂的实践策略研究

梅州兴宁市第十小学　李学军

2018年教育部重磅推出《教育信息化2.0行动计划》，该计划的提出肯定了信息化教育所发挥的重要性。特别是伴随着信息技术广泛应用和新课程改革不断深入，“微课”“翻转课堂”融入日常的教育教学中，能够让学生在短时间内掌握到所学的难点和重点内容，具有较强的针对性。同时课前通过课下利用微课的学习，课中进行相互的讨论和分析等使得学生拥有更多自主学习的时间，有效提升了学生的自主学习能力。因此，本文主要将基于微课翻转课堂融入小学数学教学中，通过采取课前准备、课中师生之间的讨论和课后知识的巩固等策略，全面提升小学数学教学的效率。

## 一、做好课前准备工作，提升学生自主学习的效果

微课作为信息时代的重要产物，其被应用于数学教育中取得了显著的教学成效。特别是短小精悍的特征更能够吸引学生的注意力，打破时间和空间的束缚，让学生在互动过程中掌握更多的知识点，培养学生的创造性和发散思维。因此，教师课前在开展各项准备工作时通过激发学生的兴趣，对微课制作的趣味性和具体性予以重视，这样才能达到事半功倍的效果。首先，教师根据教学内容和对学生学习的情况进行分析，

利用课余的时间将知识点进行有效的设计，再收集一些趣味性强和较为生动的视频和动画，以展现出教学内容的趣味性。同时在制作成微课后，借助多种渠道将制作的视频上传给学生，让学生利用课下的时间进行观看。其次，学生能够对视频中的内容进行随意的跳转和快进，以及暂停。当遇到难以解决的问题时可以在班级微信群或者QQ群中向教师或者同学进行讨论和帮助。最后，教师在制作微课时还需要提出几点问题，让学生能够带着问题观看视频，这样不仅保障了学生能够有足够的时间进行学习、互动，还可以进行有效的思考、分析，真正实现课堂的主体性。

例如：在学习小学数学四年级《角的度量》这节内容时，为了能够让学生正确地度量角的度数，培养学生观察和操作能力，教师在制作的微课视频中首先讲解关于角的内容，让学生理解量角器上的度数，即从0度依次到180度。然后教师正确读出每一个角的位置，再进行角度数的测量，比较角的大小等操作，教师再制作几张图片，让学生对出现的错误度数进行判断。其次，教师将制作好的视频上传到班级微信公众号中，让学生利用课下的时间进行学习，其中教师在课前准备过程中需要遵循微课制作的清晰度、保障语言的流畅性和播放的流畅性，这样才能使微课制作更好地应用于翻转课堂中，让学生在之后的体验和自主探究的过程中能够将知识内化。最后，学生在观看之后将自己存在的问题进行罗列，进而通过相互沟通，再利用身边的物体进行角的测量，并将自己测量的图片和结果上传到班级群中，学生指出存在的不足。由此可见，通过开展课前的准备工作能够让学生对所学知识有初步的认知，提升学生学习的积极性。

## 二、组织开展实践活动，提升课中教学的质量



翻转课堂的课中教学主要是解决学生在课前自主学习过程中存在的问题，教师利用课中的时间让学生进行合作学习或者小组讨论，帮助

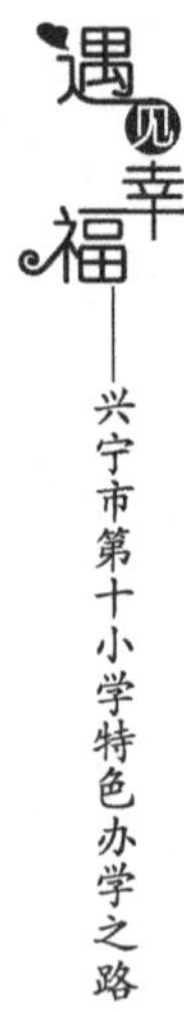

学生对课前所学的知识进行解决，从而充分体现以学生为主体的教学课堂。其中实践活动的开展能够充分调动学生的学习兴趣，改变了之前在课堂教学过程中“一言堂”的局面，帮助学生能够有更多自主学习的空间进行学习。同时小组之间的合作还能够培养学生的合作学习能力，拉近了学生与教师之间的关系，能够对教师提出的问题开展有效的探究和分析。

例如：在学习《圆的初步认识》这节内容时，首先，教师提出问题：通过课前的学习，老师已经将我们身边常见的圆进行了罗列，学生们是否已经对圆有充分的认识呢？在教师的引导下，学生开展小组合作的探讨和学习，纷纷表达自己的观点和认知。其次，学生通过开展实践讨论活动。一方面对小学进行分组，根据成绩、性格和动手能力等分为不同的小组。然后，开展实践活动，播放视频内容，通过微课，能够让学生被生动的画面吸引，进而刺激学生的感官，启发学生的思维，增强对新知学习的认识。最后，以“实践—认识—再实践—再认知”为主线，学生通过折一折、画一画、量一量等开展正常的操作，让他们有意识地对折痕进行观察，了解圆心和半径。然后教师开展画半径的比赛，看谁画的半径最多，通过比赛，让学生认识到圆的半径有无数条，并且长度都是相等的。基于此，通过课中的实践和讨论能够帮助学生更好地理解微课中的知识和内容，在小组讨论过程中提升学生的互动性和合作性，从而加深学生对圆的理解，促进学生发散性思维的形成，帮助学生能够更好地了解所学的知识点。

## 三、完善课后巩固练习，帮助学生建立自信心

课后总结主要是教师通过课中讨论的重点和难点进行全面分析，进而帮助学生形成完整的知识体系，达到一种巩固学习的作用。同时，课后总结还能够帮助学生建立学习的自信心，对课中存在的疑问或者重点和难点的知识进行巩固，从而显著提升整个小学数学教学的

水平。首先，教师借助微课的形式布置课下作业，特别是可以针对不同的学生布置相关的作业任务。例如：针对学习较好的学生，教师主要以应用扩展为主，针对于学习基础较为薄弱的学生，教师以重难点知识进行讲解，针对于学困生，教师可以以基础知识为主进行知识的巩固。其次，教师在课下针对不同学生建立小组群，对存在的问题进行及时的沟通，教师在给予相应的指导后，帮助学生掌握所学的知识点。最后，教师开展学习评价，在给予学生做出客观的评价后，并将评价的结果在班级群中进行点名，帮助学生建立自信心。例如：在学习《小数》这节内容时，教师对学困生掌握小数的读法和性质等进行评估；对学习较好学生考察小数的加法和减法等掌握程度。在评估过程中对掌握程度较好的学生给予鼓励，并通过开展合作学习的模式，让这些学生讲述一些自己的学习方法，进而全面提升整体教学的效果和质量。

基于微课的翻转课堂教学模式，充分体现出了学生的自主性，为学生提供了更多可以学习的教学资源，调动了学生学习的积极性。因此，小学数学教学探索中将课前、课中、课后等应用“微课+翻转课堂”的教学模式具有一定的可行性，能够让学生在创新体验中提升自身的创新能力，促进小学生智力和能力的双向发展。

参考文献

［1］张淑梅. 借助微课，翻转课堂：微课教学法在小学数学课堂教学中的应用研究［J］. 学周刊，2020（11）.

［2］熊攀. 基于微视频的小学数学翻转课堂教学实践探究［J］. 中国信息技术教育，2019（20）.

［3］徐乾. 翻转课堂支持下小学数学个性化教学实践［J］. 内蒙古教育，2019（23）.

［4］王强. “借助微课，翻转课堂”：微课教学法在小学数学课堂

教学中的应用研究［J］. 中国校外教育，2019（10）.

［5］赵利. 小学数学微课及其翻转课堂教学应用与实践的探讨［J］. 信息记录材料，2018，19（5）.

（原载《广东教学报》2020 年第 70 期）

# 在小学音乐教学中提升学生核心素养的策略研究

梅州兴宁市第十小学　曾晓燕

音乐学科的核心素养指的是在跟音乐学科有关的能力素质要素中，影响学生音乐能力发展和知识技能认知掌握水平的关键要素，这主要包含了学生在音乐领域的艺术审美能力、鉴赏力、理解力与审美态度、文化认知艺术表现能力。这些方面的能力素养直接影响学生在音乐学习上的效率和效果，同时也会对学生理解掌握音乐知识，学习音乐技能，进行音乐表演具有重要影响。因而对学生进行音乐学科核心素养的培养，是为学生奠定音乐学科基础，发掘学生的音乐领域才能，实现学生在音乐领域成长发展的重要教育工作。

## 一、小学音乐课堂的教学现状

通过观察目前很多小学在音乐教育上的实际状况，笔者发现，在课堂教学工作的开展实施上，一些小学教育工作不同程度地存在一些需要改进和完善的地方，这主要表现在以下两个方面。

### 1. 教育思想保守陈旧

一些学校的音乐教育在课堂教学理念上过于陈旧，教师只重视理论

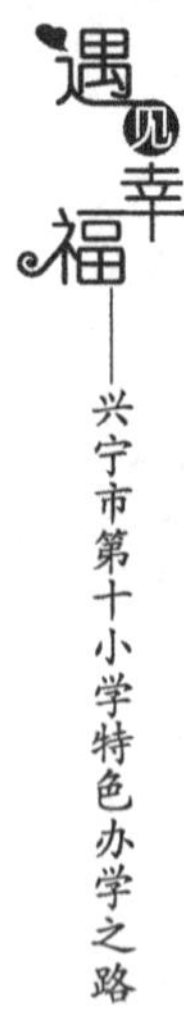


化教学，而不重视对乐理和审美问题的解析，不掌握学生对音乐知识接受与否，认知理解程度如何，课堂教学过程中教师始终自上而下进行理论化教材内容的灌输，而缺乏跟学生之间的互动，教师不了解学生对音乐知识的理解掌握水平，在课堂教学上也不注重教学观察和互动，这就导致很多小学的音乐教育形式单一、内容枯燥，学生听课学习的效果不理想。

**2. 音乐体验和实践教育严重不足**

一些学校受制于器材设备条件，在音乐教学上主要由教师讲解教材内容为主，而很少通过为学生播放音乐作品开展体验教学，同时对一些演唱、舞蹈方面的实践教学也严重不足。这就导致学生的音乐学习活动主要以学习教材范围内的理论化知识点为主。很多学生一学期接触不到一堂音乐鉴赏课，参与的演唱训练和舞蹈训练的次数也严重不足，这就导致学生的音乐判断力、审美能力和艺术表现力根本难以培养起来，仅通过对音乐理论知识的记忆掌握，学生的学科能力发展存在严重不平衡。

## 二、对小学音乐教学中学生核心素养的提升策略

**1. 发掘生活素材**

音乐是生活的艺术，许多音乐作品都与日常生活息息相关，在教学过程中教师可以指导学生从生活的角度出发，理解音乐内容，提升学生的音乐审美能力。在生活化的音乐课程学习实践活动中，学生不仅可以体会到生活中的情感价值，同时也能够感知音乐中的喜怒哀乐。基于此，在核心素养背景下的小学音乐教学实践活动中，教师要善于从课本教学内容出发，围绕教学大纲深挖生活中的音乐元素并将其巧妙地融入日常授课过程中，丰富学生的学习体验，提升音乐课程教学质量。

例如，在学习《数蛤蟆》这一课时，课程教学目标在于引导学生学会用轻快富有弹性的声音说唱歌曲《数蛤蟆》，并能根据歌词创作相应的动作，从而在学习过程中使学生体验到学习音乐的快乐。在教学活

动中教师可以以“动物”作为本节课程教学的主线，从学生生活经验出发联想池塘中蛤蟆的形态，并设计环环相扣的教学活动，让学生在看、听、想、说、做的过程中感受音乐，表现音乐，体验音乐活动带来的愉悦感受。通过这样的动作创新模仿不仅增加了课程教学的趣味性，学生在参与学习体验的过程中也能够感受到音乐中那种动物与自然的和谐美，为学生审美能力的培养创造良好的条件。

**2. 引入趣味游戏**

在日常教学活动中，教师要善于结合小学生年龄性格特点，多元化设计音乐课堂教学形式，将趣味性的教学元素和音乐课程教学进行有机的融合，从而实现教学方法的创新，提升音乐课程教学质量的同时帮助学生树立正确的音乐课程学习观念。

例如，在学习《小兔子乖乖》这一课的内容时，主要难点在于如何有效地激发学生参与学习的兴趣，积极地参与表演实践活动。在教学任务的设计环节，教师可以先带领学生通过多媒体课件的形式简要地了解一下乌鸦和狐狸这个小故事，然后在充分调动学生学习兴趣的基础上指导学生根据故事改编情景剧，将学生分成若干的学习小组，每组同学根据自己的理解设计故事情节，然后进行表演活动，在教师音乐教学的基础上融合故事情景剧，从而激发各组学生参与学习的积极性，在趣味性的学习活动中增强学生体验，保障音乐课程教学质量的同时也能够对乌鸦的得失有所感悟。

**3. 多元音乐赏析**

多元赏析法是指教师可以利用各种教育资源，尤其是线上教育资源，组织学生开展各种各样主题和形式的音乐作品欣赏和分析活动。教师在组织活动的过程中，就需要有意识地深入挖掘各种各样的视频资源、音频资源以及图像资源等，以此作为教学资源的重要补充，为学生提供一个浸入式的学习环境，在潜移默化之中获得艺术的陶冶。

例如，教师可以将京剧经典曲目、黄梅戏小调、红色经典歌曲和儿童钢琴曲目等可行性的教育资源引入课堂之中，同时可以与学校进行沟通，在课余时间或者晨间入学以及午后离校等时间段进行各种教育活动。通过这样的活动让学生在多种环境中都可以接受音乐教育，逐步喜欢音乐，了解音乐知识，发现美的所在。此外，教师还可以将各种音乐资源作为假期欣赏资源，在漫长的寒假和暑假中，学生完成常规作业之余，将音乐教育资源分享给学生，引导他们倾听、欣赏、热爱音乐。在怡情养性的过程中，舒缓情绪，舒展身体，丰富情感，激活思维，具有积极的价值和意义。这种活动易于组织，便于操作，借助网络信息技术还能够突破时间和空间的局限，达到事半功倍的效果。

## 三、结语

综上所述，在实际音乐课程的教学实践中，教师要善于从学生学科核心素养理念出发，树立正确的音乐课程教学观念，同时结合小学生学习特点，多样化设计音乐课程的教学策略，吸引学生积极主动地参与音乐课程学习，为提升音乐课程教学质量和发展学生学科核心素养创造有利的条件。

参考文献

［1］傅薇. 基于音乐学科核心素养的小学音乐教法优化研究［J］. 西部素质教育，2018，4（2）.

［2］杨群. 小学音乐与核心素养［J］. 黄河之声，2018（14）.

（原载《少年科普报·科教论坛》2021 年第 34 期）

# 小学语文微课教学优势及应用方式探索

梅州兴宁市第十小学　钟子珍

## 一、小学语文微课教学的优势

### 1. 利于培养学生的综合素质

通过对小学语文采用微课的教学模式能够促进小学生综合素质的提升，当代的教育模式主要是让学生能够得到全面的发展，通过对学生的综合素质、核心素质的培养让学生能够有一个正确的世界观、价值观和人生观，从而让学生得到全身心的发展。比如说将微课引入到语文教学中，教师可以让学生通过微课先进行自主学习，在学习过程中通过合作探讨的方法让学生能够快速地了解新知识并掌握，同时还能不断培养学生的逻辑思维能力，对于语文学科本身而言，它是将语言学和文化学集于一体的一种学科，对于学生的逻辑思维能力和自我理解能力的要求就更高。

而微课这一教学模式就能很好地激发学生们的个性要求，不但能够突出教学主体丰富教学模式还能让学生有更多的时间去进行自我思考和学习。

### 2. 利于提升学生的学习兴趣

语文课堂对于大多学生而言都较为枯燥，因为它注重的是对文化知识的积累与学习，而很多学生都是喜欢有声有色的东西，尤其是面对小

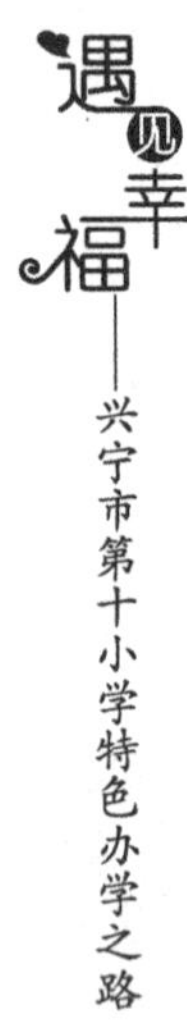

学生而言，他们对于文化内涵理解并不到位以至于缺乏对语文的学习兴趣，所以在语文教学中激发学生的学习兴趣十分重要。而采用微课教学模式能够让学生感受到不同的教学方法，微课教学本身就具有艺术性和趣味性，它可以通过视频、声音及图片等吸引学生们的注意力从而促使他们对语文知识的学习，而且这种直观的学习模式还能提升学生们的观察能力，因为通过微课直接呈现的画面给学生的视觉上有一个直接的冲击力，强烈的画面感和有质的声感不断加深学生的印象，从而激发学生们的学习兴趣，再加上教师的正确引导更能让学生有一个积极的学习氛围，更间接地让整个语文课堂的学习效果有一个质的提升。

## 二、微课在小学语文教学中的应用方式

**1. 制作微课视频**

微课在小学语文教学中的最常见应用方式之一就是制作微课视频，这就要求教师进行微课教学前必须要做好课前准备，将语文教材中的理论与实际相结合，并着重凸显出文章所要表达的重要知识点和文化内容。可以充分利用网络对文章进行解剖，然后和教材相结合从而丰富微课资源和教学内容，教师可以将知识点内容整合到微课视频当中去，注意控制视频时长把握课堂节奏，教师必须要明白微课视频的作用在于辅助学生们进行学习，最根本的还是要让学生在课程之后学会总结并反思，这样才能真正实现微课教学的实际效率。

**2. 课内展示内容**

新时代对于教育也有了很大的变革，教学及课堂的主体并不仅是围绕教学内容而是以学生为主体，最新的语文教学工作中学生需要充分发挥其主观性，在面对新课程改革理念的新要求中不断提升自我的综合能力，运用微课教学向学生展示所学内容，让学生进行自主学习和分组讨论进而对所学内容进行总结，通过这样的培养模式让学生形成良好的自我学习能力，通过后期的学习不断加深对所学内容的影响还能提高自己

的综合能力。

3. 课中合作学习

面对教育的变革，语文课程在教学过程中也可充分利用微课教学方法促进学生对知识的学习。在视频播放中学生会有一个更深的视觉感受，这样也能带给学生直观的体验感，让学生能够发挥想象力，让自己身临其境的感觉，这样的教学模式让学生能够增加学习兴趣更能主动地参与其中，从而赋予了整个课堂的真正意义和实际效率。

4. 课外自主学习

微课视频还有一个更大的好处就是能够让学生在课外也能自主学习，所以很多时候学生可以通过学校的学习平台进行相关知识的学习，老师也可将自己制作的视频在平台进行上传，方便学生可以自主查阅相关知识进行学习，在课程之后不懂的还能重温课堂知识点，从而达到查漏补缺的目的。

5. 纠错总结

在语文教学中还有最重要的一个阶段就是进行总结，相关教师必须重视让学生进行自我解剖和反思总结，总结自我和他人之间学习的差异性，积极向他人学习优秀方法不断完善自身能力。

面对我国传统小学语文教育工作，普遍存在教学目标偏差和方式落后的现象，这严重地制约了学生自我能力的提高，从而在新型教育体系中将微课引入到小学语文课堂中，让学生能够从传统教学环境中走出来，新教学模式的发展促进了教学氛围，以此增加了学生学习的积极性，帮助小学校园打造高效语文课堂。

参考文献

[1] 谢明华. “精彩课堂不预约”：小学语文微课教学策略分析[J]. 课外语文，2018（22）.

[2] 王艺精. 微课在小学语文课堂教学各环节中的运用——以

人教版五年级教材《窃读记》一课为例［J］. 考试周刊，2018（70）.

［3］方桂梅. 试析网络环境下小学语文写作教学资源的开发与实施［J］. 文存阅刊，2018（16）.

（原载《教育学》2019 年 12 月）

# 微课不“微”，小展示也能大作用

梅州兴宁市第十小学 陈 莉

随着时代的发展、科技的进步，近几年新兴的“微课”因其播放灵活方便、主题指向专注、内容形象生动、开放包容等独特的表现形式，受到广大师生的普遍欢迎。微课的制作和使用逐渐被重视起来，在小学数学课堂教学中也尤其实用，其灵活性、趣味性得到了广大师生和家长的认可。微课虽“微”，但其“五脏俱全”，有独立完整的知识体系，内容专注度高。每一个微课都以简洁、清晰、缜密、生动等让观看者和聆听者留下深刻的印象。它的“小展示”在教学过程中确实起着不可忽视的大作用。笔者试从课前展示微课、课中适时插入微课、课后留置微课等来阐述微课在小学数学教学过程中的作用。

## 一、课前“一微”，传递温故知新铺垫作用

小学生的年龄特点决定了他们在课前表现活跃，情绪的不稳定性因素凸现。课前又是新旧知识衔接的重要时间节点，教师面对着七嘴八舌、吱吱呀呀的学生，要想把他们的注意力一下子吸引过来、听课的欲望调动起来，也不是一件容易的事。数学是一门系统性、逻辑性强的学科。教学实践中，教师在每一节新课的讲授前，基本都会作简明扼要的“温故”。但是，一部分认知能力相对较弱的同学，对于此前旧知识，

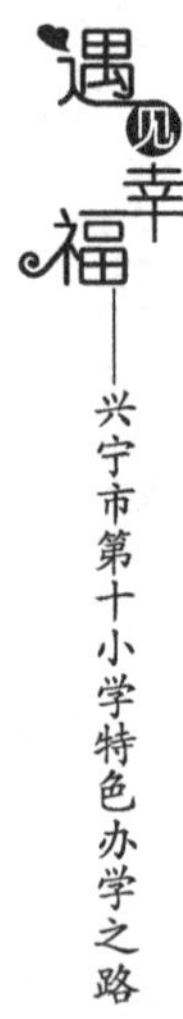

都还处在“消化吸收”阶段，接下来又要学习新知，必然会使他们“消化不良”，一筹莫展，无所适从，听课情绪无疑会受到影响，进而影响教师的教学计划。此时，教师利用微课独特的优势，在课前来“一微”，比一番苦口婆心、义正词严地强调学生安静下来听课的效果要好得多。

微课视频针对性地梳理讲解，不但能使学生愉快地接受新知识，同时还能让学生感到新鲜、有趣，唤醒学生对似曾相识知识的重新再现，巩固了原来所学知识。为学习新知识奠定心理基础和学习基础，让接下来的“知新”环节实现无缝对接，为快速地进入听课状态做好了铺垫。

学生在课前三五分钟的微视频里，能够强化、抓取到各种有效的信息，对巩固旧知、掌握新知，开展下一个教学环节等都大有裨益。比如在讲授“三角形与四边形”（北师大版小学四年级下册）一课前，我先展示用FLASH及配音自己制作的微课：准备好四组长度不同的3根木棒，选择不同的拼摆方式并提问：是不是只要有3根小木棒就能摆出三角形？学生们注意力立刻被动漫中的提问声吸引过来，接下来学生明白了摆一摆、动一动的几种拼摆方法。我适时暂停了播放，让学生讨论并回应原问题“到底是不是只要3根木棒就能摆出三角形？”学生们在热烈而又有趣的微课件中获得了感性认识：并不是任意3根木棒都能拼摆成三角形的，并在视频的总结展示中明白了只要两根之和大于第三根，才能拼摆成三角形。此视频通过拼摆活动来发现问题、解决问题，进而调动了学生思考问题的积极性，接下来讲授新课就会顺顺当当。此外，疑难问题、作业试卷的答疑、小结拓展等专题，课前微课展示，同样能起着承前启后的作用。

## 二、课中“展微”，引导思维活跃课堂作用

尽管一堂课只不过是短短的四十分钟，但小学生思维比较活跃，常常会在课堂中的不同阶段出现一些不确定性的状况：搞小动作、讲话

甚至是小打闹等。因此，我们教师还要注意在课堂教学中的主体阶段、结束总结阶段等，留意学生有可能出现的各种状况。在知识衔接、学生演示、回答问题后等各个环节关键节点的过渡时期，适时适当地插入预设的微课，能起到刺激学生的听觉、视觉神经的作用。尤其是教师在制作微课过程中，把与学生相关的素材融合到微课里，能极大程度地增强学生的参与意识。比如，制作微课时穿插学生准备的素材、学生的解题片段或过程，学生语音讲述等等，都能极大地调动学生的积极性和参与性。学生获得了鼓励，是他们最大的心理需求，能提高他们的自信心，有效地促进学生在课堂上的专注度和课后作业的完成度，以增强学生的获得感和成就感，有利于构建高效的课堂教学。

例如，在学习“分数的初步认识”一课。本课主要是通过学习，使学生初步认识分数。我通过大家熟悉的概念，如全班、一组、一个苹果的一半去帮助学生理解“一半”的含义。再进一步讲解所有事物都分出一半，在数学中用什么方式去表示，引导学生讨论：如果这个待分事物为2时，一半是多少？进而把全班人数是50，一半是25，一组人是12，一半是6去类比。当学生们明白具体数字的一半这个道理时，接着提出，一个大圆、一个小圆、一堆沙子的一半如何去表达呢？大圆和小圆的一半表达方式一样吗？当一系列问题在脑子里打转时，这时，学生们开始热情高涨了……

此时，我展示出预设的微课故事视频：猪八戒分西瓜——被派出探路的八戒正吃着西瓜时被前来寻找的大师兄撞个正着。八戒刚吃上一口便听到大师兄说要吃西瓜的二分之一，八戒嘟嘟囔囔说“我可要吃八分之一”……引出问题，到底谁吃得多？学生们在积极的讨论中有的认为明显大师兄吃得多，有的认为是二师兄吃得多……再一次用微课展示“分西瓜”，平均把西瓜分成八份。学生们都清楚份数越多，分出的一份就越小。这样，再进一步讲述在生活中我们会碰到诸如一堆沙、一桶水、一块面包等等，无法用具体的数字去说明，这里分数便派上了大

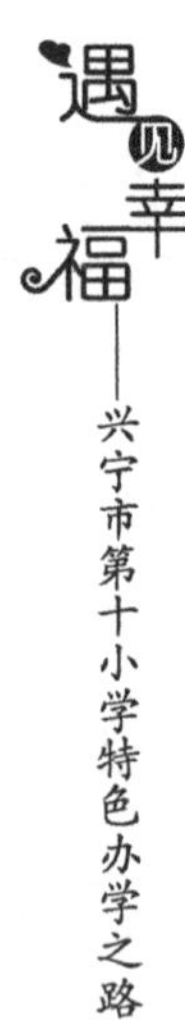

用场。

在课中插入微课，与课堂教学进行有机结合，微课中的动漫讲解更适合小学生的心理特点，他们在一边看一边思考中，自己心中的疑虑被逐渐解除了，学生感觉“可见度”明显得多，学起来也觉得更轻松。此外，教材的重难点讲解也是费心、费时、费力的，小学生领悟能力参差不齐，往往口若悬河地一番讲述，学生还是不知所云、一脸迷茫。此时，老师适当地“偷偷懒”，插入微课，学生在老师的讲解和观看微课中把重难点化难为易，教学效果也是很明显的。

## 三、课后“再微”，帮扶提升突破教学作用

由于小学生认知能力不同，个体存在着差异性。往往是同一个问题，基础较好的一讲就懂，基础、认知、领悟能力较差的同学，老师可能要花上几倍的讲述才能让学生搞出所以然来。课堂时间是有限的，要完成单位时间内的教学任务，反复讲不但会影响教学进度，同时会使大部分已经掌握的同学产生情绪。素质教育的今天，强调的是让学生尽可能地掌握好相应的学科知识，放弃是不可能的。老师面对在课堂上不能按常规掌握、领悟知识的学困生，重新花费时间在课堂上大讲特讲可能性不大，逐个辅导老师精力又有限。

课后给学生“再微”，能极大地帮扶课堂上一时认知、领悟不明的学生。教师要充分利用现代科技给我们带来的便利，如微信群、QQ空间等，将课堂上普遍问题、较难掌握的知识点、练习题等，制作成微课提供给学生，并积极倡导学生家长，有针对性下载并多看、多听几遍，能有效地理解、掌握知识点。比如，一年级“认识时间”、五年级“三角形高”“同分母分数相加减”等较难掌握的知识点，课后，我把这个视频传至群中。告诉学生，回到家主动与家长沟通，学生通过反复观看，弄清问题也就不难了。同时，课后“再微”，方便了家长在家有效地辅导孩子，也极大程度地解放了老师一部分的劳动。这种课后让家长

配合老师，提醒学生在家主动与家长沟通，既培养了学生的沟通能力，又增进了他们之间的感情，学生也由“要我学”转变为“我要学”，延伸了课堂，学生成了学习的主人。

总之，教师通过微课在小学数学教学中的运用，不仅增强了学生的学习兴趣，还能极大地提高课堂效率。我们教师在实际操作过程中，要把握好微课的使用，并在使用过程中，及时发现问题、分析问题、解决问题，让微课成为学生学习过程中的助燃剂、催化剂，通过各种因地制宜、因人制宜的有效展示，小微课就一定能发挥大作用。

参考文献

［1］郑忠山. 课改下如何让学生成为数学学习的主人［J］. 新课程·中学，2015（4）.

［2］刘晨. 微课在小学数学教学中的应用探析［J］. 未来英才，2017（22）.

（原载《广东教学》2020年第3316期）

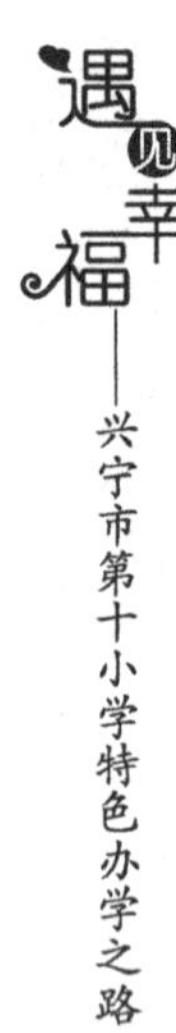


# 多媒体在小学美术教学中的运用

梅州兴宁市第十小学 余晋辉

多媒体具有较强的直观性、生动性，通过动态的图像、视频、资料的展示，能够在根本上帮助小学生树立起正确的学习认识和学习态度，从而来提升他们的美术素养和美术能力。特别是随着素质教育改革的逐渐深入，实现有效的多媒体教学，不仅仅能够在很大程度上促进教学方式和教学手段的革新，同时也在很大程度上促进小学生对于美术学习效果的提升，从而根本上提升小学生的综合素质。

## 一、多媒体技术对小学美术教学的重要性

（1）与时俱进地更新教育教学手段是教育工作者的职责所在，少年儿童的更好成长是我们不停的追求。

（2）为小学美术教学提供了丰富的素材。多媒体技术在小学美术教学中的运用，为美术教学提供了丰富的素材。这种现代化的教学手段，在很大程度上满足了小学生美术学习中的多元化的需求，根据小学生的需求来选择合适的教学素材，让教学过程得以更好地开展下去。比如在讲解《有趣多变的造型乐园》的时候，老师可以通过多媒体来进行呈现多种造型乐园，让学生眼前一亮，这远远超出了课本的界限，打开创造性思维，从而保证教学内容的丰富性。

（3）利用新颖的教学形式，提升小学生学习兴趣。多媒体技术不但能够呈现事物的形，而且还能传递其声，动静结合，形声兼备地反映事物的存在，从而更加直观生动。多媒体技术在小学美术教学中的体现，能够以生动的形式来进行教学，从而最大限度地保证了小学生的主观动力和学习积极性，让小学生能够一直有较强的学习欲望和热情，这在很大程度上促进了小学生今后的发展。

## 二、多媒体技术在小学美术教学中的实现

**1. 充分利用多媒体创设氛围，培养小学生兴趣**

利用多媒体创设氛围，培养小学生兴趣。在教学中，可以通过播放精彩动画、音乐、视频等方式来进行教学环境的创设，从而不断地提升学生的美术学习兴趣。在传统小学美术教学中，小学生面对的是课本上平面化的学习素材，略显枯燥乏味，一定程度上限制了儿童的思维，这不利于小学生想象力和创造力的发挥。而多媒体教学方式的实现，在很大程度帮助小学生以更快的速度投入到教学过程中去，从而提升儿童的美术素质，为他们今后的成长和学习打下坚实的基础。

**2. 通过多媒体实现抽象到具体的转变**

通过多媒体技术来进行小学美术教学，能够让小学生从中感受到物体本身的立体感，从而加深对于课堂教学内容的理解和掌握，以此来提升学习效果。多媒体技术在小学美术教学中的实现，在带给他们轻松感和愉悦感的同时，还能够不断地提升他们对于小学美术作品的直观认识，对他们的美术学习起到启蒙作用。总而言之，多媒体教学在小学美术课堂中的运用，能够从根本上提升小学美术鉴赏能力和审美能力等。我在五年级下册课程《别致的灯饰》中，整理图片、动画资料，培养学生通过观察与欣赏得到设计灵感，从中去发现美、感受美和创造美。

**3. 给儿童亲自探究和实践的机会**

教学过程以学生为主体，给小学生亲自探究和实践的机会，不断增

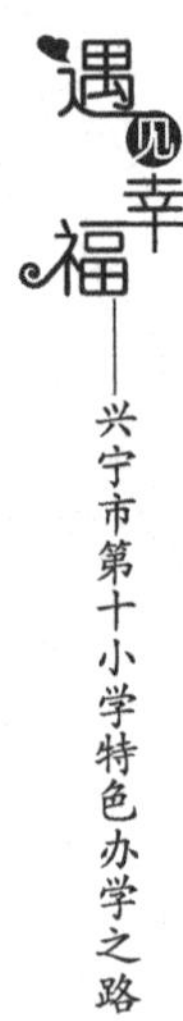


强他们对于小学美术知识和内容的理解和掌握，从而提升小学美术教学效果，为小学生美术综合素质的提升打下基础。比如，老师可以给小学生布置小组作业，让他们在课下自主地搜集资料并在课堂上进行讨论，从而让他们在自主探索和讨论的过程中收获学习的快乐和成功的喜悦，这对于不断提升小学生的小学美术学习兴趣有着无比重要的促进意义。

**4. 不断挖掘素材，开拓小学生眼界**

充分利用多媒体挖掘素材，开拓小学生眼界。在进行小学美术教学的时候，教师可以把下载的美术资料、视频、图画、背景音乐、动画设计等等充分应用到课堂上，运用形、声、色等手段传情达意，丰富画面知识，拓展小学生视野。小学美术的学习过程其实就是不断拓展儿童思维、视野和想象力的过程，在进行教学素材的选择时，老师应该善于从素材本身着手，对不同风格的素材、素材的变形等内容都进行有效的分析和整合，从而最大限度地提升教学效率，提升他们的美术素质，为小学生对美术整体的认知打下铺垫。

**5. 巧借多种多媒体技术手段的综合运用**

巧借多种多媒体技术手段的综合运用来实现小学美术教学效果的提升。比如在进行小学美术教学的时候，要善于通过微课、多媒体课件、互联网技术、网络教学手段等途径来实现，为小学生小学美术学习创造良好的条件，从而不断提升多媒体教学效果。此外，还应该善于通过电影、小视频、图像、动画等多媒体形式来进行小学美术教学，来最大限度地提升多媒体教学效果，为小学生的小学美术学习打下坚实的基础，从而提升他们的想象力、创造力和小学美术学习能力，为他们的长远发展打下坚实的基础。例如：教学画卡通人物时，与时俱进地与当红动画人物结合，让小学生更加激情燃烧，提升兴趣，对学习效率有很大的帮助。总而言之，只有巧借多种多媒体技术综合运用才能够让小学美术课堂变得更加丰富，让小学生在小学美术课堂上更好地自由发挥，推进素质教育改革。我在山区教学十五年，深深体会到多媒体设备和手段对学生的影响力，不断地提升教学手段是教育进步的体现。

多媒体教学在小学美术有着十分广泛的运用，它直接地关系到课堂教学效果和素质的提高，影响到小学生想象力和创造力的提升，对于他们今后的发展和成长起到重要的作用。通过多媒体技术进行小学美术教学，通过创设教学氛围、充分挖掘素材、小学生参与实践、巧借多种多媒体技术手段综合运用等方式来进行小学美术教学，从而最大限度地提升小学美术课堂的教学效果，为小学生今后的长远发展打下坚实的基础。

（原载《休闲》2020 年 4 月）

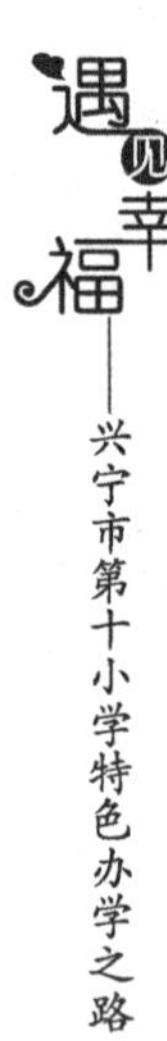


# 阅读教学在小学语文教学中的有效性分析

梅州兴宁市第十小学 王建东

语文阅读能够很好地锻炼学生的思维能力，使学生充分发挥自己的想象力与理解能力。因此，小学教师要从学生的兴趣出发，指导学生，让学生掌握阅读方法，这样才能丰富学生的精神世界，让学生享受学习语文的乐趣。

## 一、阅读教学的概念

在实际教学中，并不是所有语文教师都清楚什么是阅读教学？大部分教师都会把阅读与阅读教学混淆起来理解，正确区别阅读与阅读教学，有助于教师在阅读教学中选择正确的方法，进行正确的教学，从而有利于提高学生的语文阅读效率。什么是阅读？阅读是指学生对一些信息进行搜集和处理，从而去认识世界，发展自己的思维，获得有价值的信息的重要途径，简单地说，阅读就是看书，阅读是学生的一种个性化行为。而阅读教学是教师与学生和文本之间的对话过程。通过教师、学生、文本之间的对话，从而培养学生去对有用信息进行搜集和处理，然后认识世界、发展自己的思维、获得有价值信息的能力。阅读教学是语文课本教学的重要环节，它是集听、说、读、写训练为一体的综合性训练过程，它既是识字的重要途径，又是写作的必备前提。

## 二、小学语文教学中阅读教学的有效性策略

### （一）明确阅读教学的目标

传统的小学语文阅读课堂中，教学方式死板，学生过于被动，通常是由教师提出问题，引导学生根据问题思考答案，最终将学生引到既定的答案。在新课改背景下，阅读教学中，教师应当扮演旁观者的角色，实现阅读的弹性教学，以学生为主体，发掘学生的多样化思维。例如，当对情感性浓厚的文章进行教学时，教师鼓励学生带着角色阅读文章，真切体会文中的情感。

### （二）创设适合的阅读氛围

#### 1. 猜读法

上课一开始，教师可以引导学生针对关于文章的图片进行猜想，并对这些猜想总结，追问其理由，全面了解学生的想法。除了图片之外还可以从文字入手，激发学生展开猜想，提高学生学习的主动性。

#### 2. 模拟情境法

教师运用多媒体等技术手段，根据课堂需要向学生展示相关图片、影像等内容，再现教材中的情境，使学生获得更加直观的感觉；或者教师根据课文内容，进行角色表演、表演话剧等方式使学生有身临其境之感。模拟情境法可以化静为动、化抽象为具体，使课堂教学变得更加生动有趣，调动学生的参与热情，提高学生的学习效率。

#### 3. 引导联想法

揣摩作品中人物的心理，激发学生的想象力，运用扩散思维的方法，使学生对人物的命运产生好奇，将学生带入角色，增强其对文章的感受，形成由“动情”到“悟理”的过程。

### （三）精选阅读内容，打造高效阅读

要想提高小学语文阅读教学的有效性，必须要借助优化、精选的阅读内容。具体的选择方法有：第一，选择能促使学生发展的阅读内容。

语文阅读文本大多具有兼容性强、综合性大的特点，一篇文章可能会涵盖众多的理论知识，这时就要求教师能够以学生的实际学习情况为依据，有方向地去选择适于学生发展的阅读重难点，以此来避免把文章教“肿”教“烂”的现象出现。在选择能促使学生发展的阅读内容时，教师必须要做到以下两点，即“进得去”“出得来”，前者是指教师能与文本对话，挖掘文本的内在价值，后者，则要教师站在学生的位置，考虑学生能否接受，进而将阅读训练的内容确定下来。第二，整合和拓展阅读内容。要想提高阅读教学的有效性，教师就要及时对阅读文本进行整合、拓展。

**（四）拓展延伸内容**

语文阅读不只是为了理解文章内容，更重要的是学习文章的语言形式、写作手法，因此，要教师基于语文学科的特点，对学生所学知识展开拓展延伸。教师可以通过课外的拓展延伸活动丰富学生作文中写作手法及语言形式。由于小学生富于童趣和探索精神，因此要结合这些特点进行拓展延伸学习，使其能积极配合教师的教学活动。

**（五）重视朗读，读出“其义”**

作为一名教师，我们都知道朗读有助于学生深入理解课文内容。语文教学心理学的研究表明，小学低年级学生阅读时注意力稳定性大多较差，而大声朗读能使他们保持注意力的稳定，有利于对课文内容的思维、理解和记忆。古人所说的“读书百遍，其义自见”，即说明了这个道理。此外，朗读可以培养学生的表达能力，包括口头表达和书面表达两种。无论哪种表达，都要求做到用词准确、生动，语句通顺、连贯，句式灵活、多样，内容具体、清楚等。朗读可以使学生对读过的文字印象深刻。

**（六）读写结合，培养学生阅读与写作的能力**

读写结合，这是语文教学的一大规律。读可丰富词汇、积累语言，为写奠定基础；反之，写对读又有促进作用，能提高读的自觉性、积极性，能提高读的质量。为此，每学期，我都要求学生做一定数量的读书笔记，摘录课外阅读中自己喜欢的词、句、断，甚至篇。同时指导学生出黑板报、写随笔，要求主题突出，内容丰富，这就势必让学生自觉地进行课外阅读，广泛地收集所需要的材料。

**（七）深化阅读教学评价**

为了及时有效地检验语文阅读教学的实效性，各级小学应该根据本校的实际情况尽快建立起有效的阅读教学评价机制，该评价机制的建立应本着“量化评估，注重过程”的原则，一方面，将阅读教学中的各个指标，包括：学生参与度、学生口齿清晰度等进行量化，给予一定比例的权重，让教师的阅读教学评价能够做到有的放矢。另一方面，注重过程性考评，对每一次阅读教学，教师都应该依据考评权重进行客观、公正的考评，并根据考评的结果及时进行总结，发掘其中存在的教学问题并进行整改，以不断优化阅读教学的实效性。

总之，通过小学语文教学与阅读良好结合，一方面，可以保证小学生更快掌握课堂中的语文知识，另一方面，通过阅读，进一步巩固小学语文基础知识，拓宽小学生的思路。

**参考文献**

［1］谢贵霞. 浅谈如何做好小学语文阅读教学［J］. 学周刊，2017（34）.

［2］徐阳春. 农村小学语文阅读教学探析［J］. 学周刊，2017（34）.

［3］朱晓. 优化小学语文阅读教学的几点尝试［J］. 学周刊，2017（35）.

［4］郭瑞清. 对小学语文阅读教学的几点思考［J］. 教育现代化，2017，4（36）.

（原载《读天下》2017 年第 14 期）

# “积土成山，风雨兴焉”

## ——浅谈小学语文教学中的语言积累

梅州兴宁市第十小学　彭卫琼

“积土成山，风雨兴焉”语出《荀子》，意思是说积累泥土塑造成高山，就能够让风雨在这处高山上兴起，而这句话蕴含的道理就是在学习中要注重知识的积累能够实现学习的目标。对于小学生来说，语文的学习是展开其他学科的基础，是形成语文学习能力素养的关键时期，因而教师教育的核心也应该是帮助学生培养不断积累语言的意识和习惯，使其持之以恒，厚积薄发，实现小学语文教育的目标。

### 一、从阅读上积累语言

阅读是语文学习的基本途径，通过大量的阅读能够帮助小学生开拓语言学习的视野，积累词汇量，体会语言表达的技巧。我国著名的教育学家叶圣陶先生曾经指出“为养成阅读习惯，为充实自己的生活，都非读不可”。由此可见阅读对于人的重要性。小学生正处于一个语言“存储”的阶段上，语文教师要指导学生大量阅读优秀的语文文段，指导他们掌握精读和泛读等阅读的方法，在阅读中教会他们获取到重要的语言信息。

对于四年级的小学生来说，朗诵式的阅读对于他们的语言积累是一个比较有效的方式，因为四年级的小学生在注意力、思维转换能力等方面还尚未真正成熟，而朗诵阅读能够帮助学生在集中注意力的基础上掌握语言的感觉，不断积累语言。在教学中，教师可以以教材为主，以课外阅读为辅，让学生养成阅读的好习惯。

首先，教师可以要求学生在学习语文教材的过程中熟读课本中的文段，尤其是教材中要求学生熟读背诵的文章和段落，要引导学生熟读成诵。每天利用课前十分钟带领大家熟读课本上内容，对于精彩的部分让大家一起朗诵直至可以背诵出来，可以帮助学生积累知识。比如说在学习《我站在祖国地图前》时，对于祖国地域的辽阔和山河的壮丽，以及祖国宏伟蓝图的生动描写，要求学生不断朗诵阅读，那么他们就会积累一定语句来进行生动的描写，从而积累语言知识。其次，教师需要指导学生大量阅读课外自读课文，并且对学生进行朗诵与阅读的有效指导。每周抽取一定的时间让学生阅读课外的读物，鼓励学生在反复诵读中进行背诵。

此外，无论是课内阅读，还是课外阅读，教师都需要指导小学生做好笔记，对于阅读中出现的比较优美的、经典的词语和句子，引导学生及时抄录在笔记本上，引导学生不断复习，这样学生就会在记忆中掌握自已积累的语言知识，从而形成基本的语言素养。

## 二、在观察生活中积累语言

在小学语文课程标准中，有这样的要求“充分利用现实生活中的语文教育资源，优化语文学习环境……使学生在广阔的空间里学语文、用语文，提高能力”。语文学习离不开特定的语言背景，而生活往往是积累语言知识的最佳素材来源。

引导小学生在观察生活中积累语言就是引导他们把语文的学习从课堂和教材中走出来，让他们观察身边、感受生活中完成语言的积累。在

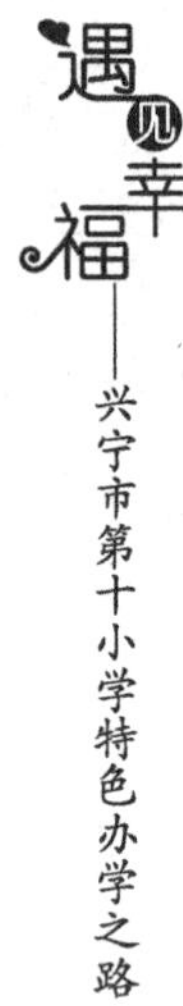


教学中，笔者鼓励学生多多注意生活中身边的人常用的成语、谚语和歇后语等，不懂的要查阅字典，记录在生活观察记录本上，也要留意广告语、标语等，这样学生就会慢慢从中体会到感受生活的乐趣，并且在乐趣中不断提高积累语言的兴趣和意识。

此外，课堂上也可以引导学生多多观察生活来积累语言，比如说在学习《火烧云》这课时，可以为学生播放一些相关景象的纪录片或者是图片，并进一步引导学生观察夕阳、云朵，在交流中帮助学生积累知识，使学生们意识到语文其实是存在于生活中各个方面的，善于从生活中不断观察，就是学习语文的一种方式。教师也可以引导学生模拟课本上的故事进行表演或者是讲述，在学习中加强他们的语言表达和交流，这有助于丰富语言的积累。

## 三、从练习写作里积累语言

小学生语文教学的听、说、读都可以在观察生活和朗读背诵中得到强化锻炼，但是小学语文教育工作还有一部分不能忽视——写作。写作不仅仅是积累语言的一种途径，它更是体现了语言积累和语文学习的目的——语言的运用。

在教学中，教师可以指导学生对自己在笔记上积累的语言知识进行运用，如利用成语进行造句，或者是模仿一些比较经典的语段来进行写作练习。在学习《鸟的天堂》这篇课文时，课文中对作者两次经过鸟的天堂时的描写十分细致，那么教师就可以引导学生描写一些比较有特色的景物，可以先模仿景物的整体容貌，再模仿景物的特征描写。运用这种引导方式，小学生就会在写作的练习中自然而然完成语言知识的积累，同时也掌握了如何运用这些知识的技巧。

从写作练习中锻炼小学生的语言积累，教师还需要指导学生掌握一些必要的写作知识，为学生找到练习写作的知识迁移点，指导小学生完成语言积累。例如，《七月的天山》这篇课文的写作顺序就是由远及近的写作手法，启发学生可以按照这样的思路进行仿写，引导学生注意这个“由远及近”写作思路的关键词是什么，那么学生就会在练习写作中利用这些关键词和语句来完成对某一个事物的写作。

写作对于小学四年级的语文学习是十分重要的，教师的语文教育也应该重视对学生开展写作练习的指导，让学生在写作中不断积累语言知识，强化语言知识的运用，形成知识积累到知识应用之间的“良性循环”。

综上所述，小学语文教育工作的核心就在于培养小学生的语言积累能力，四年级小学生特殊性在于他们已经有了初级语言素养能力，但是亟须进一步提高语言学习的意识，为以后的学习奠定坚实的基础。具体来说，笔者认为，在小学语文教育工作中，小学生的语言积累是重中之重，教师要从一切可能的手段培养学生积累语言的意识能力。对此，小学语文教师可以从阅读指导、观察生活指导和语文写作练习三个角度来让小学生积累语言，从而为以后的语言素养能力养成奠定基础。

**参考文献**

[1] 陈玉华. 小学生语言积累“三招”[J]. 基础教育论坛，2018，10（30）.

[2] 景洪春. 重视小学生的语言积累与语感培养[J]. 小学教学研究，2018，11（7）.

[3] 汪玉华. 浅谈小学生学习和积累语言的几个方法[J]. 文化创新比较研究，2017，1（8）.

（原载《广东教学》2019 年第 3167 期）

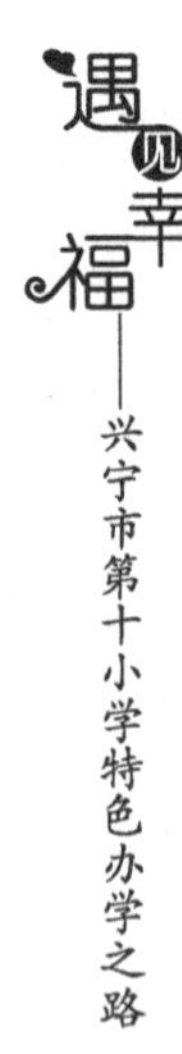


# 小学英语智能平板教学的有效策略

梅州兴宁市第十小学　曾汉英

随着计算机技术的逐渐发展，信息化程度也逐渐加深，在中国的教育当中出现了智能化网络教育的方式，通过这种教育方法，不仅使我国的新型化交易步伐逐渐加快，同时也使传统的教育方式得到了有效的改善，因此可以这样说，信息技术的发展，对于现代化教学的影响具有革命性的促进作用，因此在这一板块当中必须要予以足够的重视，就近些年的发展来看，人们越来越清晰地认识到，在发展教育的同时，必须要与现代化信息技术相接轨，才能够实现我国教育的跨越式发展，使教学方式有巨大的飞跃，实现教育现代化。而对于21世纪的人才培养方式来说，必须要使信息化技术的应用水平和课堂所学的理论知识相互结合，才能够培养新式的应用型人才，所以说信息化平板智能的出现，不仅能够克服多媒体课堂的交互性不足问题，同时也会使多媒体的操作难度降低，教师能够采用这种教学方式，来选择相应的教学课题，因此平板智能技术的发展，在课堂教学过程当中，发挥着越来越突出的地位和作用。就目前的教育水平而言，我国的智能平板和课堂教学有机结合，尚处于初级阶段，在一些东南沿海的城市当中有所应用，而在我国中西部内陆地区，智能平板的应用程度则较低，那么对于这一问题，我们该如何认识呢？又该怎样在课堂当中有效地使用智能平板来提升教学效率，成为当前研究者的研究热点之一，本文通过研究智能平板在教学中产生的实践作用，提出相关的应用策略和方法，为我国信息时代之下的教育发展提供了理论支撑和教育借鉴经验。

## 一、智能平板集课堂教学应用现状研究

### 1. 交互智能平板

智能平板在使用过程当中可以与投影机、电子白板、幕布、音响、电视机、会议终端等多种设备为一体，通过相关的触控显示技术，将所要学习到的知识和内容，通过显示屏板实现人机交互一体化的设备，到目前为止，交互智能平板的名称并不统一，很多学者将其称作是电视白板教学系统，也有一些学者将其称作电脑出口一体化，或教学一体化设备。而具体在应用过程当中，交互智能平板具有大尺寸、高精度、多功能、高集成、易操作、高安全、低消耗等一系列硬件特点。而与此同时，交互智能平板在课堂使用过程当中，能够大大增强教师与学生的互动性，提升学生对于课堂的参与程度，因此可以这样讲，智能平板在教学中的应用，将会是日后发展的必然趋势之一。

### 2. 智能平板课堂教学应用

近年来，由于我国的经济发展迅速，越来越多的地区省市已经关注到教育的成长和发展，在各区教育的同时，已经投入了高科技的设备，比如说智能平板在课堂中的应用，就有效地提高了课堂的教学效率。在2014年的时候，我国教育专家吴晓凤认为，智能平板在课堂中的应用，应该注重为学生创设一种良好的学习环境，让学生通过智能平板，进入到学习的环节中，解决学习过程当中所出现的重难点，同时利用智能平板，整合课程的优质资源，培养学生的综合实践能力，进而培养学生的思维能力和概括能力。还有一些学者认为智能平板的有效使用，不仅能够提升课堂的教学效率，构建相关的教学情景，转换成活动的教学情景，例如在学习水果家族的一些单词，这时就可以

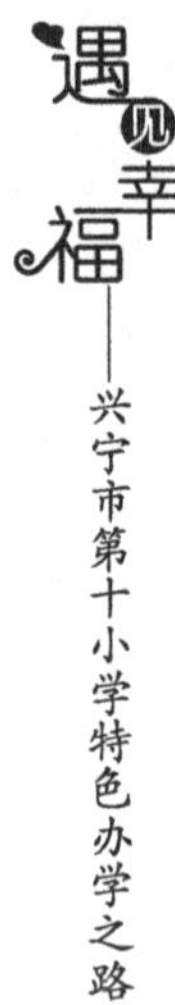


采用智能平板为学生构建一个比较形象的教学案例，教学案例当中，包括有一个孩子，吃苹果的时候，就相当于把apple吃了，吃的时候就是一个单词字母进入到嘴里，吃香蕉的时候，就相当于把banana吃掉了，同样也是每个单词按照相关的顺序进入到孩子的口中。通过这样的方式，让学生的思维有所开阔，变难为易。而在2012年的时候，张建波先生也结合自己在教学中对智能平板的使用，提出了相关的体会和经验。通过这些教师的发现和研究，可以得出，智能平板的应用使教学效率有所提升，学生在学习过程当中，也可以利用智能平板获取丰富的信息资源，开阔学习的眼界。

因此可以这样讲，如果在课堂教学过程当中，能够充分利用信息化技术的优势来提升课堂教学，已经成为学术界的共同认识，但是对于如何使用智能平板教学是现在教育学家所关注的重点之一。尤其对于我国这样一个信息技术尚未起步的国家而言，大多数的理论知识只停留在经验和初探阶段，尚没有相关的理论知识作为支撑，因此在研究过程当中，其所提出的问题和方法上，具有一定的可变意义。

## 二、智能平板与课堂使用的研究证明

通过相关的研究，可以发现，教师在利用智能平板开展课堂教学的过程当中，其主要的教学策略包括以下几大部分，一是教师利用智能平板为学生创设情境，通过这样的方式来激发学生的学习兴趣，将一些抽象的知识点简化。二是通过智能平板的网络连接方式，做相关的内容呈现和资源获取，来开拓学生的思维视野。三是增强教师与学生的课堂互动，加强学生的课堂参与程度，让学生成为课堂教学的主角。四是利用智能平板，将效果和评价反馈及时做相关的分析。通过以上四种策略的相互联系，使教学成果有了非常显著的提升。

### 1. 情境创设与兴趣激发策略

学习情节的设计是教学过程当中重要的组成部分，因为在教学过程当中，很多的问题是非常抽象的，这就需要学生有一个具体的思维模式和学习模式，来解决相关的困难，在过去的一个阶段，好多教师为了解决这一问题，常常采用题海战术，但这种方法有所局限，在近年来，随着教学观念的转变，越来越多的教师已经开始采用情景教学方式，将一些抽象的问题，复杂的问题简单化。而对于智能平板在课堂当中的应用，就能够通过图像、声音等多种方式来刺激学生的感官，为其创建一种学习情境。通过相对简单的问题，将学生引入到课堂当中，把握学生的年龄结构和心理特点，激发学生的学习兴趣。只有这样，学生才能够发挥主观能动性，对所学习的知识不断进行探索和研究，掌握好相关的知识和技能。

**2. 内容呈现与资源获取策略**

在教学过程当中，可以利用智能平板设备，将课件、图片、动画、视频等相关的教学资源向学生展示。学生根据自己的喜好特点，有计划地对教师所提供的教学资源进行辨别，如果一些学生对教师所提供的教学资源不是很认同，则可以利用网络资源，去收揽更多的教学资源，这样可以从一定程度上减轻老师对教学资源的需求。从教学的过程来看，有些老师为了达到最佳的教学效果，根据不同的学习知识和内容，选择不同的方法，呈现相关的教学资源，使相对来说抽象的知识变得简单，有助于学生的吸收和理解。

**3. 课堂互动**

在传统的教学过程当中，课堂大多数是以老师传授知识为主，从不考虑学生的个性条件，以此传输知识的过程当中具有一定的形式化、权威性和强制性，通过这种方式教学，消耗学生的精力，造成学生对其他的知识点无暇顾及。而采用新式的教学方法，能够为学生打造一种崭新的教学模式，让老师和学生共同参与到课堂教学活动当中，去讨论和学习相关的问题，这样知识的掌握程度会更高。

4. 总结回顾与评价反馈策略

课堂评价往往是检验教学成败，改进教学实践活动的关键所在，而通过智能平板与课堂实践相互结合的方式，能够有效增强学生对课堂的理解程度，将自己的一些思想通过智能平板的方式反馈给教师，这样能够改变当前老师为主的教学方式，让老师在教学过程当中有所改善。

## 三、结束语

智能平板和信息化的发展，对现在教学而言是一场深刻的变革。教师应该抓住当前的机遇，利用信息化网络技术所带来的便利，为学生提供更为优质的服务，然后学生在信息时代之下有更好的发展。

参考文献

[1] 曹本华，夏秋玲，姚鹏阁. 基于交互智能平板开展课堂教学应用的策略研究［J］. 教育信息技术，2015（5）.

[2] 赵艳峰. 交互式智能平板辅助中职计算机课堂教学的实践与思考［J］. 中国现代教育装备，2014（18）.

[3] 王大江. 浅谈交互式智能平板在课堂教学中的应用研究［J］. 信息技术与信息化，2016（12）.

[4] 武凌云. 基于交互智能平板的虚拟仿真实验教学研究［J］. 实验教学与仪器，2016，33（12）.

[5] 高波，马林霞. 交互式智能平板辅助课堂教学的实践与思考［J］. 成才之路，2016（1）.

（原载《广东教学》2017 年第 2805 期）

# 第四章

# 幸福学生

# 缤纷足球，快乐你我

在建立足球社团初期，我们把培养学生“终身体育”意识，满足学生参与足球活动的需求，满足部分特长学生的不同发展，作为社团建设目标。通过开展足球系列主题活动，打造学校足球文化特色。在学期初始阶段，我们就通过大量招募，并逐渐筛减，其目的在于选拔队员，把有身高、有速度、有耐力，综合身体素质较突出的队员选拔出来，为这支队伍打下良好的基础。与此同时，我团制订了一系列的基础训练计划。初始训练阶段注重队员的薄弱环节，进行有针对性的训练，并着重抓好基础的技术训练。

缤纷足球，快乐你我！经过近一个学期的训练，这支队伍在各个方面都得到了很大的提高。他们的脚下功夫已逐渐由管不住球到掌握了简单的技术，例如简单运球和绕标练习。通过参加各种方式的接触球练习，他们的身体协调性和灵活性都得到了一定的提高。尽管学生们在练习中提高很快，但是仍有一些不足之处，需要在以后的社团活动中做出改进：

（1）社团活动中，孩子们对足球规则的了解甚少，没有办法进行一场比赛，作为老师更要在练习中向学生灌输比赛规则。所以在抓好技术基础训练的同时，注入简单战术配合的训练，并在此期间传授足球裁判规则，使学生们掌握一定的战术和规则并可加以运用。

（2）因社团开展初期就要求全体社员，遵守社团各项规章制度，小到队列管理，大到器材归置，鼓励学生自主管理社团，形成良好的足球社团氛围。同时，要在综合训练阶段灌输良好的比赛作风和坚强的意志，克服种种困难，培养学生稳定的心理素质和顽强的拼搏精神。

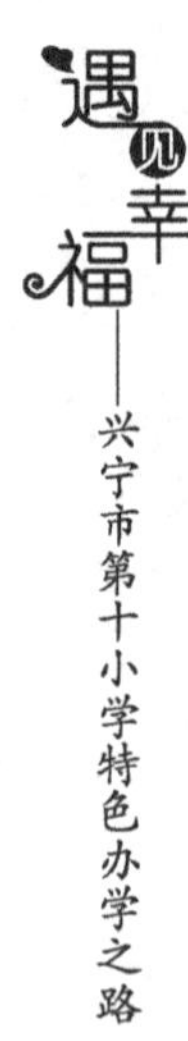


# 童声合唱，动人心弦

童声合唱是一种高雅的音乐艺术表演形式。小学阶段对学生进行合唱训练，既能培养小学生的听觉和乐感，发展学生的综合音乐素质，又能对小学生进行美育教育，美化他们的心灵，给他们带来快乐。而且，合唱是一种集体的艺术活动，合唱的训练和演出是一个渗透统一指挥、严于律己的思想过程，能潜移默化地对学生进行集体主义教育。一支纪律严谨，具有积极向上精神风貌的合唱队，能从侧面充分反映一所学校的面貌，在校领导的高度重视和支持下，我校于2019年开始组建了合唱社团。2020至2021学年期间，排练的歌曲主要有《四季的问候》《四季童趣》《唱支山歌给党听》，这三首歌曲曲调优美，旋律婉转动听。排练中注重音准、气口、咬字要求，最后是歌曲处理。平时合唱训练内容除了歌曲训练以外，还有呼吸和发声训练、乐理知识讲解、视唱练耳的训练，让合唱社团成为师生愉快的第二课堂，同学们不仅可以学唱歌曲，还能学习一些专业的乐理知识，丰富了同学们的校园生活。

合唱力求共性，不求个性，要求整体的和谐，讲究声和、音和、情和，做到了“三和”声音就有了美感。在老师和同学们的合作和努力下，通过循序渐进的、有针对性的训练，合唱社团取得了优异的成绩。在2021年兴宁市中小学生文艺会演比赛中，我校的合唱节目荣获兴宁市二等奖，并且在表演过程中队员们由于受到台上、台下演出气氛的影响，感情的起伏也较为剧烈，在这样“动人心弦”的环境里，队员们的身、心都得到了很大的锻炼，心灵的境界常常同音乐一起得到升华。在下个阶段的合唱社团训练工作里，我们将会投入更多的热情，积极启发学生学习音乐的兴趣，通过有表情地歌唱，使学生真正地感受到合唱艺术的魅力，力求把合唱队的水平提升到一个新高度！

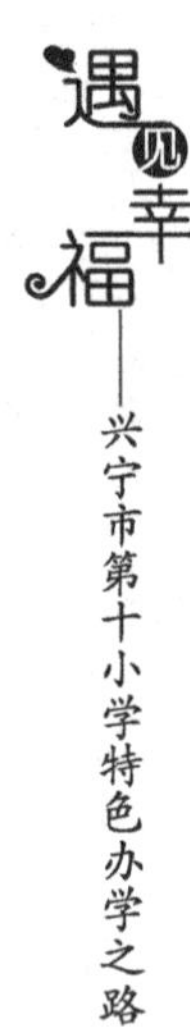

# “绳”采飞扬，摇出精彩

花样跳绳是一种非常有效的有氧运动，它除了具有一般运动优点外，还具有独特的特点。花样跳绳需要学生动脑思考记忆动作路线，创新动作变化，比如：脚步步伐，学会基础的步伐后，如何创变成一个八拍等。与人配合，相互合作的能力，比如：车轮跳，车轮跳是你拿我的跳绳的一半，我拿你的跳绳的一半，这就需要两个人的相互配合才能完成，还有交互绳是需要摇绳人与跳绳人的配合。花样跳绳种类繁多，通过练习跳绳可锻炼人的心肺功能，身体协调灵敏，适合学生的身体发展。对于场地和器材要求不高，适合学校开展。

花样跳绳队伍已经成立一年多了，学生通过社团时间的学习有了很大的提高，在我们原来的大众等级一、二级的基础上，孩子们学会了两人一绳，车轮跳和一些基本步伐的创编，给我们的花样跳绳拓宽了道路。社团多位教练重新规划花式跳绳的教学，教学内容的安排，教学方法的运用，教学形式的展演……这些光靠学生的自学是不可行的，一个没有正确示范，没有详细讲解的教学是盲目的。通过在练习时出现的错误，怎样改进，怎样一步步地提高。通过练习找到教学的方法，这样才更真切。

在练习中让孩子动脑思考，相互展示相互学习。学生在跳绳的练习中，树立自信展现自我。通过自我创编，视频录制上传，学生学会相互学习，取长补短。既巩固了学习内容，也让家长关注，了解，参与到孩子的学习中。

上学期的练习是充实的，孩子们的表现是可喜的，这需要的是孩子们不断坚持，家长长久支持。教练也需要不断地提高自我，提高教学能力。今后可通过跳绳比赛让孩子认识跳绳的形式，以比赛的形式促进练习，并在社团教学中安排丰富的教学内容，让更多的孩子接触花样跳绳，绳采飞扬，摇出精彩。

# 舞动奇迹，舞出自信

兴宁市第十小学秉承“丰富生活、展示个性、培养兴趣、拓宽知识、开发潜能”的宗旨，大力开展丰富多彩的学生社团活动，给学生一片属于自己的天空。舞蹈社团在活动内容的设置上，使教育性和艺术性相结合，通过基本功、儿童舞蹈和民族舞蹈的多样化训练，表现和释放学生的“童心”与“童趣”。舞蹈社团始终贯彻学生课余生活，配合学校教育改革宗旨和营造学校活动氛围，提高学生整体素质为目的。它的成立为学生全面发展、展现自我才华提供了一个良好的平台。

舞动奇迹，舞出自信！经过几年的不断努力，编排的舞蹈逐渐有了我们十小的风格和特色。其中编排的舞蹈多次参加市、县级各类文艺展演活动，舞蹈社团的队员们在学校成为学生们心目中的“艺术之星”。

# 美从笔中来，绘出五彩人生

本着贯彻国家教育方针，实施素质教育的原则，10月11日第十小学的美术社团顺利开展。美术社团其主要目标是对学生进行审美教育，培养学生健康、正确的审美观念，具有高尚的思想情操，成为全面发展的社会人才，以及培养他们感受美、理解美、鉴赏美和创造美德能力，在表现美德行为过程中发挥学生的创造性。

为了让学生在上美术社团课的同时也能学到丰富课外知识，我们第一节先让学生了解城堡相关的背景知识，感受城堡特有的风格魅力，让学生画出属于自己城堡的造型，画出属于自己独一无二的城堡。通过色彩搭配知识，相关的配色方法，结合点线面装饰城堡，提高学生对身边事物的观察能力，引导发挥学生的创造性开发自己的想象力。课堂上积极为学生创设有利于激发创新精神的学习环境，通过思考、讨论、对话等活动，引导学生在美术创作活动中，创造性地运用美术语言，鼓励学生在欣赏活动中，开展探究性的学习，发挥自己独特的见解。

美从笔中来，绘出五彩人生，梦想没有止境，美术社团以一种昂扬的姿态勇于实践，勤于反思，努力让社团活动成为难忘的经历和一生的财富。

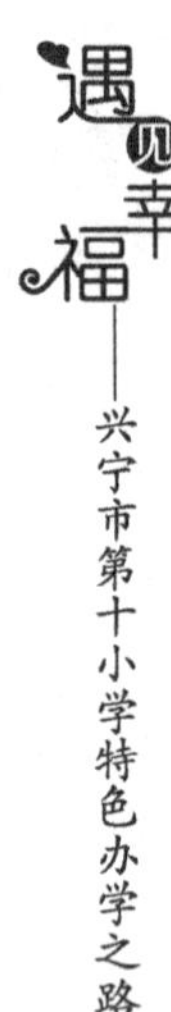


# 快乐学棋，以棋育人

伟大的导师列宁曾经说“国际象棋是智慧的体操”。国际象棋是一项文明、高雅的运动，也是历史最悠久、开展最广泛的世界性体育项目之一。国际象棋是科学、文化、艺术、竞技融为一体的智力体育项目。它有助于开发智力，培养逻辑思维和想象能力，加强分析能力和记忆力，提高思维的敏捷性和严密性。它还能丰富学生的文化生活，增进友谊，陶冶高尚情操，培养顽强勇敢、坚毅沉着、机智灵活等优秀的意志品质。为了丰富我校学生的课余生活，本着“快乐学棋，以棋育人”的教育理念使孩子对棋类产生兴趣，通过学棋提高学生的各方面能力。

# 巧手剪精彩，艺术沁童心

我校剪纸社团由20多名学生组成，他们是来自二年级的同学，由于剪纸是较细腻的课程，所以剪纸社团大部分是女生，二年级的孩子年龄比较适合剪纸课程，女孩子性格比较细腻，动手能力较强，在学习的时候注意力也较集中。基本的剪纸基础知识和技法，一般一节课都能完成得较好。

在学期初，我们就制订了详细的教学计划，并且按时开展了剪纸社团教学。组织学生学习了什么是剪纸、剪纸的作用、剪纸的发展史等课程。通过努力，剪纸社团取得了一定的成果，学生基本上都掌握了对称剪纸、四折剪纸、多变剪纸的剪法，得到了学生的喜爱、家长的好评。

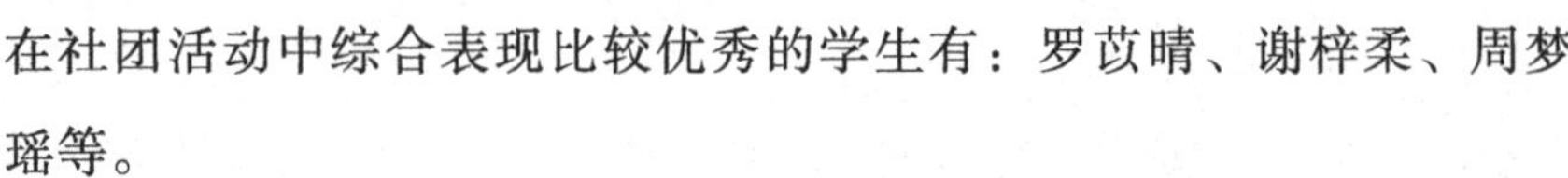
在社团活动中综合表现比较优秀的学生有：罗苡晴、谢梓柔、周梦瑶等。

巧手剪精彩，艺术沁童心。一学期下来，学生对剪纸的兴趣越来越浓，作品越来越多，下学期争取带领学生创作更多的作品。

# 经典浸润人生，书香伴我成长

中华经典诗文源远流长，内容广泛，思想深邃，语言精辟。一篇篇文章，一首首诗作，就像一面面镜子，反映社会生活，映照人们的心灵，启迪人们的心智。为了增强学生文化底蕴、提升人文修养，打造一个充满浓郁文化气息的书香校园，学校特组织了“经典诵读”社团活动。

自开展社团活动以来，我们扎扎实实地做好这项工作，通过老师和学生的共同努力，孩子们不仅丰富了语言积累，更重要的是受到了润物细无声的传统文化熏陶，为他们的终生发展打下了坚实的基础。在教学中，我们也在不断学习、不断反思、总结经验，与学生一起成长，一起行走在这开满鲜花的诵读之路上，体验着诵读的快乐，欣赏着经典的魅力，为我们“书香校园”的建设增添了亮丽的一笔！

# 书法艺术之路，从这里起步

我国的书法艺术，博大精深，凝聚着炎黄子孙的无穷智慧，是中华民族文化遗产中的瑰宝。为培养学生的书写水平，发扬学生的个性特长，对学生进行中华传统艺术的熏陶，学校特组织了每周两节课的书法社团活动。

通过一学期的努力，学生在书写态度、书写习惯和书写艺术等方面都得到了一定的提高。

## 一、用心写字，浸润心灵

在书法社团活动中，张斌老师从教学坐姿、正确的握笔方式和毛笔字的基本笔画入手，用生动有趣的教学方式结合直观形象的多媒体进行教学，每次上课，他都认真分析每个字的结构特点和每一笔画的书写注意点，提醒学生讲究运笔方法，同时要求学生在完成书写练习时能找出不足，及时纠正。通过这种方式，使社团的孩子在书写能力方面得到提升。

## 二、潜移默化，培养习惯

写一手好字，要在老师严格要求和耐心指导下，让学生养成良好的书写习惯。我们书法老师从简到难，慢慢引导，反复强调，在书写活动中潜移默化，不断渗透，一学期下来，书法社团的孩子们在书写习惯方面得到了良好的培养。

## 三、书法比赛，形式多样

为了体现学生一个时期的书法学习程度和训练结果，我们组织了形式多样的书法比赛。给学生提供锻炼的机会，培养了他们的竞争意识，也让书法素质好、书写水平高的孩子们能够一展才华。

## 四、利用课余，坚持练习

每周两节课的社团只能对学生进行指导和指正，要使学生的书写能力得到大幅提高，还需要多花时间进行练习。因此，我们每周都会布置书法作业，让学生在课后训练，以渐渐提高学生的书法水平。

通过一学期的书法社团教学，给孩子们的书法入门起到了引领作用，我们倍感欣慰。希望加入我们书法社团的孩子能打好坚实的基础，用静心、耐心、恒心铺就一条书法艺术之路。

# 陶冶情操，启“笛”智慧

为了促进我校学生德智体美劳全面发展，我校广泛开展音乐实践活动，特开设笛子社团，笛子社团开展丰富多彩的课外艺术活动，多方面提高学生艺术素质，力求让学生在社团活动中增强学生的音乐兴趣，提高学生的音乐艺术水平，弘扬民族艺术，陶冶个人情操，增进对我国民族乐器的进一步了解。

# 追梦少年，篮球小将

## ——第十小学篮球社团简介

第十小学篮球社团，是一个由五年级学生及教师组建而成的课外活动体育组织。一是充分考虑到学生的个性发展，为学生成长营造一个良好的学习环境、积极的文化氛围，以丰富在校广大教职工及学生的业余文化生活，将热爱篮球的人员组织进行训练、比赛，激发教师学生的体育热情，增强大家的身体素质，加深教师之间、学生之间的了解与友谊，培养队员良好的道德品质及团结互助的精神。二是以丰富学生的课余文化生活，陶冶学生的情操，发展学生的个性特长，营造独具特色的校园文化活动氛围，完善学生的健康人格，提高学生综合素质，从而培养学生自我参与、自我管理、自我完善、自我创新等各方面的综合能力，达到德智体美劳全面发展的目的。

开展丰富多彩的篮球社团活动，给学生一片属于自己的天空，让学生充分发挥自己的兴趣爱好和个性特长，提高学生的综合素质，培养创新实践人才，实现师生的全面发展，让我们的校园动起来，学生活起来，从而真正让素质教育在我校生根开花！

# 乒乓魅力，你我演绎

乒乓球运动是我校的一个体育项目，我校具有良好的乒乓球运动氛围，为了进一步提高学生学习的积极性，成立乒乓球社团，通过活动，引导学生树立“健康第一”的理念，以新颖活泼的体育活动为载体，培养学生合作、诚信、果敢、公平等优良品质，发展学生个性特长，促进学生身体、心理和社会适应能力等方面健康和谐地发展，丰富校园文化生活，激发学生学习的热情。

# “羽”你相约，快乐你我

强健体魄，提高羽毛球技艺。组织学校学生进行羽毛球比赛，强健同学们的体魄。羽毛球兴趣社团由26名同学组成，他们来自我校四年级、五年级的同学，羽毛球社团活动不但发展校园羽毛球文化，提升校园羽毛球氛围，还可以丰富同学们的课余文化生活。

我们社团本着“阳光、积极、向上”的宗旨，我们的羽毛球社团有序地在每周五下午的时间开展活动。羽毛球社团活动给学生们带来了快乐，带来了喜悦，还锻炼了学生的身体。学生的羽毛球水平有了初步的提高，并能自觉积极进行练习，且掀起了学生对羽毛球运动的热情，推动了学生的第二锻炼课堂，得到了家长的一致好评。

# 附录

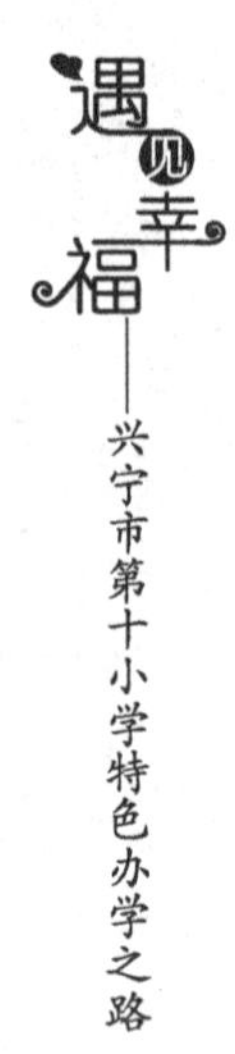


# 《十德》校本教材

## 开 篇 语

中华民族优秀传统文化是中华民族生命力之所在，是中华民族的灵魂，既涵盖世界观、价值观、伦理观与创造力，也包括知识体系和生活方式。在推进中华民族伟大复兴、实现中国梦的征程中，大力推进国学教育，大力弘扬民族优秀传统文化，把文化的力量深深熔铸在民族的生命力、凝聚力和创造力之中，从而形成强大的文化支撑力，使中华民族更加挺起自己的脊梁，百折不挠、众志成城、发愤图强、勇往直前！

延续五千年的道德文化是中华传统文化的核心，源远流长，博大精深，内容丰富而又庞杂，既有注重人格、注重伦理、注重利他、注重和谐、自强不息、勤劳勇敢等优秀道德品格的内容，也存在诸多糟粕。人无德不立，家无德不宁，业无德不兴，国无德不强。在完善中华优秀传统文化传承体系的今天，需要对传统伦理道德文化进行去粗取精、去伪存真的现代化改造与完善，取其精华，去其糟粕，赋予时代精神，使其与当代社会现实紧密结合。

据此，提出我校十德：仁、义、礼、智、信、忠、孝、勤、公、省。

践行仁德，要仁爱悯人、仁善助人、仁和容人，以仁爱悯人为核心。践行义德，要明辨义利、克己奉公，伸张正义、舍生取义，知恩图报、注重情义，以明辨义利、克己奉公为核心。践行礼德，要遵礼制、讲礼让、知礼仪，以遵礼制为核心。践行智德，要明辨是非、修身立德，求真求实、学不造假，学以立志、学贵有恒，以明辨是非、修身立德为核心。践行信德，要诚实守信、相互信任、自尊自信，以诚实守信为核心。

践行忠德，要忠心爱国、忠于职守、忠于家庭，以忠心爱国为核心。践行孝德，要孝亲谏亲、善悌友朋、敬老尊师，以孝亲谏亲为核心。践行勤德，要勤奋敬业、吃苦耐劳、勤俭节约，以勤奋敬业为核心。践行公德，要文明礼貌，助人为乐，爱护公物，保护环境，遵纪守法，以遵守规则为核心。践行省德，要知廉知耻、戒贪戒奢，闻过则喜、知错必改，谨守名节、慎微慎始，以知廉知耻、戒贪戒奢为核心。

“中华十德”道德体系是几千年儒家文化与民本文化的有机统一体，是中华优秀传统文化基本元素与当代社会时代精神相结合的产物，是面向未来、面向世界、面向现代化并与普世价值观并行不悖的中华道德体系，是与我国现代公民道德规范相一致、以社会主义核心价值观为指导的有中国特色的社会主义道德体系。

## 十德之“仁”

——仁者爱人

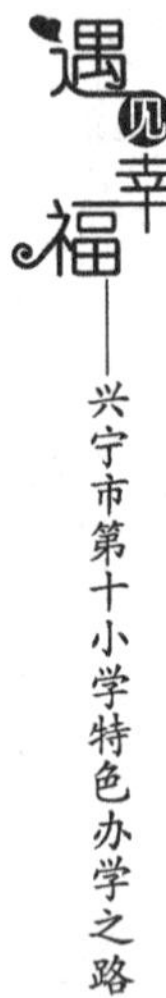


◎ **小故事**

有一位单身女子刚搬了家，她发现隔壁住了一户穷人家，一个寡妇与两个小孩子。有天晚上，那一带忽然停了电，那位女子只好自己点起了蜡烛。没一会儿，忽然听到有人敲门。原来是隔壁邻居的小孩子，只见他紧张地问："阿姨，请问你家有蜡烛吗？"女子心想："他们家竟然穷到连蜡烛都没有吗？千万别借他们，免得被他们依赖上了！"于是，对孩子吼了一声说："没有！"正当她准备关上门时，那穷小孩展开关爱的笑容说："我就知道你家一定没有！"说完，竟从怀里拿出两根蜡烛，说，"妈妈和我怕你一个人住又没有蜡烛，所以我带两根来送你。"此刻女子自责、感动得热泪盈眶，将那小孩子紧紧地抱在怀里。

◎ **名言集锦**

仁，亲也。——《说文》

仁者，情志好生爱人，故立字二人为仁。——《春初·元命苞》

上下相亲谓之仁。——《礼记·经解》

温良者，仁之本也。——《礼记·儒行》

仁者，谓其中心欣然爱人也。——《韩非子·解老》

仁者，可以观其爱焉。——《礼记·丧服四制》

岂无居人？不如叔也，洵美且仁。——《诗·郑风·叔于田》

## 十德之"义"

——见利思义

所谓"义"，就是情义、道义、义气。是说人们要有正义感和见义勇为的精神，无论谁有困难，都要尽力去帮助，解决问题。对同学和朋友要有道义，大公无私助人为乐，绝不见利忘义。"义"是人们正道的向导，是道德灵魂，是道德精神境界和价值取向。

**◎ 小故事**

有关“义”的故事很多，在这里跟大家讲讲《三国演义》中“桃园结义”的故事。东汉末年，朝政腐败，再加上连年灾荒，人们生活非常困苦。刘备有意拯救百姓，张飞、关羽又愿与刘备共同干一番事业。于是三人情投意合，选定张飞庄后一桃园结拜为兄弟。此时正值桃花盛开时节，景色美丽，张飞准备了青牛白马作为祭品，焚香礼拜，宣誓完毕：三个人按年岁认了兄弟。刘备年长做了大哥，关羽第二，张飞最小做了弟弟。这便是《三国演义》中著名的“桃园结义”。

## 十德之“礼”

——礼让谦和

礼，即礼仪、礼貌和礼节，系儒家学说中“五常”之一，中国价值体系中的核心因素。我国自古以来就是礼仪之邦，源远流长的礼仪文化是先人和智者留给我们的一笔精神财富。

讲究“礼”，我们必须做到礼貌用语常挂嘴边，遇到师长、来宾主动问好，上下楼梯拥挤时注意谦让，讲究卫生，爱护公物。与同学交往要友爱合作，有纠纷时做到得理让人，失理道歉，相互尊重，相互信任。在家里，要孝敬、体贴父母，尊敬长辈。面对父母长辈的批评，能认真听取，不发脾气，不顶撞。家里来了客人，热情、大方、有礼貌地招待。在外面，遵守交通法规，保护环境卫生。尊老爱幼，帮助别人，时时处处为别人着想，做到“与人为善，心中有他人”。

◎ **小故事**

**六尺巷的故事**

清朝时，在安徽桐城有一个著名的家族，父子两代为相，权势显赫，这就是张英、张廷玉父子。

清康熙年间，张英在朝廷当文华殿大学士、礼部尚书。老家桐城的老宅与吴家（当时官拜安庆州知府，钦定五品）为邻，两家府邸之间有个空地，供双方来往交通使用。后来邻居吴家建房，要占用这个通道，张家不同意，双方将官司打到县衙门。县官考虑纠纷双方都是官位显赫、名门望族，一个是朝廷一品大员，一个是他的顶头上司——州知府，都不能得罪，不敢轻易了断。

在这期间，张家人写了一封信，让人捎给在北京当京官的张英，要求张英出面，干涉此事。张英收到信件后，认为应该谦让邻里，给家里的回信中写了四句话：

千里来书只为墙，
让他三尺又何妨？
万里长城今犹在，
不见当年秦始皇。

遂交给来人，命速带回老家。家里人一见书信回来，喜不自禁，以为张英一定有一个强硬的办法，或者有一条锦囊妙计，但家人看到的是一首打油诗，败兴得很。后来一合计，确实也只有“让”才是唯一的办法。于是立即动员将垣墙拆让三尺，大家交口称赞张英和他家人的旷达态度。

宰相一家的忍让行为，感动得邻居一家人热泪盈眶，“他家宰相肚里能撑船，咱们也不能太落后”。全家一致同意也把围墙向后退三尺。

两家人的争端很快平息了，两家之间，空了一条巷子，有六尺宽，有张家的一半，也有吴家的一半，这条几十丈长的巷子虽短，留给人们的思索却很长。两家礼让之举和张家不仗势压人的做法传为美谈。

六尺巷由此而来。

**◎ 名言集锦**

记人之长，忘人之短。——张九龄

海纳百川，有容乃大。——林则徐

得饶人处且饶人。——曹雪芹

人敬我一尺，我敬人一丈。

若要人敬己，先要己敬人。——中国谚语

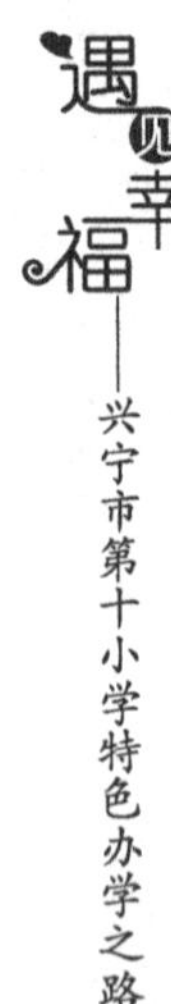


# 十德之“智”

——智者不惑

“智”：知者、明智、智慧、机智。“智”通“知"。中国古代思想家赋予“智”以丰富的道德和内涵。“智”在知道遵道。学而致知，不知不觉，智而不奸。“仁、义、礼、信”是为人处世的基本原则，而要将这一切联系起来就需要“智”贯穿其中，否则即使有“仁、义、礼、信”加持于身，也都不可能通达无碍。新时期需要把中华民族的道德智慧同人文智慧、科学智慧聚成一体，开启新的智慧。

◎ **小故事**

**司马光砸缸**

北宋的时候，有一位名叫司马光的孩子，比一般孩子都喜爱动脑思考问题，所以思维敏捷十分聪慧。

一次司马光和几个孩童在园中玩耍，大家在美丽的园中你追我赶，玩得高兴极了。其中一位小男孩独自爬上了园中的假山玩耍，可是小男孩一个不小心，失足掉入了假山下面的水缸中。小男孩被水缸中满满的水吓坏了，他不停地在水中挣扎和呼救，只听小男孩不停地喊着："救命啊，救命啊，快来人救我啊……"这时孩童们才发现小男孩掉入了水中。孩童们也都吓得不知所措，甚至有几个女孩童都哭了起来。

就在这时司马光站了出来："大家还是快想办法救他吧。"就在大家惊慌失措且面面相觑的时候，司马光却在努力地思考着该如何救小男孩。司马光想到：小伙伴们都比水缸矮很多，所以无论如何也是不能把小男孩抱出来的，可是若是水缸中的水能自行流出来就好了。

突然司马光灵光一闪，召集其他的孩童一起拿起石块砸向水缸，并对小伙伴们说道："大家快来用石块砸水缸，水缸破掉水就都流出来了，这样我们就可以救出小男孩了。"

司马光说罢，所有的孩童都拿起周边的石块扔向水缸，果然水缸被打破了，水也都顺着窟窿从缸中流了出来，落入水中的小男孩也因此得救了。

对于司马光的聪明智慧大家都赞不绝口。

**◎ 名言集锦**

缺乏智慧的灵魂是僵死的灵魂。若以学问来加以充实，它就能恢复生气，犹如雨水浇灌荒芜的土地一样。——阿布尔·法拉治

智慧的可靠标志就是能够在平凡中发现奇迹。——爱默生

人们将永远赖以自立的是他的智慧、良心、人的尊严。——苏霍姆林斯基

## 十德之“信”

### ——信实知报

“信”：诚信、信任。“信”是立身之道、兴业之道、治世之道。诚信是约定俗成的社会交往准则。孔子把“信”列为对学生进行教育的“四大科目”（文、行、忠、信）和“五大规范”（恭、宽、信、敏、惠）之一，强调要“言而有信”，“信则人任焉”。“以诚待人”“以信取人”“一诺千金”“诚实守信”等，千百年来为人们所推崇并发扬光大。

◎ **小故事**

**曾子杀猪**

曾子是孔子的学生。有一天，曾子的妻子要到集市上去，儿子哭闹着要跟去。曾妻戏哄儿子说：“好乖乖，你别哭，你在家里等着，妈妈回来杀猪炒肉给你吃。”儿子听说有肉吃，便不随母亲去了。

曾子的妻子从街上回来，只见曾子拿着绳子在捆猪，旁边还放着一把雪亮的尖刀，正准备杀猪呢！曾子的妻子一见慌了，赶快制止曾子说：“我刚才同孩子说着玩的，并不是真的要杀猪呀！你看你怎么当真了？”曾子语重心长地对妻子说：“你要知道孩子是欺骗不得的。孩子小，什么都不懂，只学会父母的样子听父母的教训。今天你要是这样欺骗孩子，就等于教他说假话和欺骗别人。再说，今天你要这样欺骗孩子，孩子觉得母亲的话不可靠，以后你再讲什么话，他就不会相信了，对孩子进行教育也就难了。你说这猪该不该杀呀？”

曾妻听了丈夫的一席话，后悔自己不该和孩子开那个玩笑，更不该欺骗孩子。既然答应杀猪给孩子吃肉，就说到做到，取信于孩子。于是丈夫和妻子一起动手杀猪，为孩子烧了一锅香喷喷的猪肉。

曾子深深懂得，诚实守信，说话算话是做人的基本准则，若失言不杀猪，那么家中的猪保住了，但却在一个纯洁的孩子的心灵上留下不可磨灭的阴影。

**◎ 名言集锦**

失去了诚信，就等同于敌人毁灭了自己。——莎士比亚

诚者，天之道也；思诚者，人之道也。——孟子

言不信者，行不果。——墨子

失足，你可能马上复站立，失信，你也许永难挽回。——富兰克林

## 十德之“忠”

——尽忠报国

“忠”，是中华民族传统文化的一种优良品德。在中华传统文化中，“忠”就是内心求善，外求尽职尽责。中华民族自古以来就有精忠报国、舍生取义的优良传统。

“天下兴亡，匹夫有责”，是历代仁人志士的共同心愿。历代仁人

志士以忠为目标，尽忠报国、孝忠国家，忠于事业，忠于人民，为国家竭尽忠诚，奉献一切，是他们最高最神圣的价值追求。

◎ **小故事**

**钱学森的爱国故事**

钱学森是我国的导弹之父。20世纪40年代，钱学森就已经成为力学界、核物理学界的权威和现代航空与火箭技术的先驱。在美国，钱学森可以过上富裕的中产阶级生活，然而，钱学森却一直牵挂着大洋彼岸的祖国。得知新中国成立的消息，钱学森兴奋不已，觉得现在正是回到祖国的时候。美国当局知道钱学森要回国的消息后，自然不想放他走，因为钱学森知道了太多最新最前沿的技术。在克服百般阻挠之后，钱学森终于回到了百废待兴的新中国。

回到祖国的他迅速投入工作中，从成功地指导设计了我国第一枚液体探空导弹的发射，到我国第一个人造地球卫星的研制成功；从组织领导了运载火箭和洲际导弹研制工作，到我国第一艘动力核潜艇的设计制造，以及我国第一颗返回式卫星的成功发射，他始终站在新中国科技事业的最前沿，突破无数科研难题，为新中国的航天事业做出了许多具有里程碑式的贡献。

◎ **名言集锦**

我是中国人民的儿子。我深情地爱着我的祖国和人民。——邓小平

中国惟有国魂是最宝贵的。惟有他发扬起来，中国人才真有进步。——鲁迅

人民不仅有权爱国，而且爱国是个义务，是一种光荣。——徐特立

天下兴亡，匹夫有责。——顾炎武

为中华之崛起而读书。——周恩来

## 十德之“孝”

——孝敬父母

“孝”：孝心、孝敬、孝道。主要是对父母、长辈之“孝”，中华民族崇尚祖辈传承理念，强调长幼有序。孔子首创私学，把“孝”放在教学首位，说“孝乃德之本”，“百善孝为先”，这是中华民族历久弥新的传统美德。

◎ **小故事**

## 黄香温席

黄香小时候，家中生活很艰苦。他9岁时，母亲就去世了。黄香非常悲伤。他本就非常孝敬父母，在母亲生病期间，小黄香一直不离左右，守护在妈妈的病床前，母亲去世后，他对父亲更加关心、照顾，尽量让父亲少操心。

冬夜里，天气特别寒冷。那时，农户家里又没有任何取暖的设备，确实很难入睡。一天，黄香晚上读书时，感到特别冷，捧着书卷的手一会儿就冰凉冰凉的了。他想，这么冷的天气，爸爸一定很冷，他老人家白天干了一天的活，晚上还不能好好地睡觉。小黄香为让父亲少挨冷受冻，他读完书便悄悄走进父亲的房里，给他铺好被，然后脱了衣服，钻进父亲的被窝里，用自己的体温，温暖了冰冷的被窝之后，才招呼父亲睡下。黄香用自己的孝敬之心，暖了父亲的心。黄香温席的故事，就这样传开了，街坊邻居人人夸奖黄香。

9岁的小黄香就是这样孝敬父亲，人称“黄香温席，天下无双”。他长大以后，人们说，能孝敬父母的人，也一定懂得爱百姓，爱自己的国家。事情正是这样，黄香后来做了地方官，果然不负众望，为当地老百姓做了不少好事，他孝敬父母的故事，也千古流传。

◎ **名言集锦**

慈孝之心，人皆有之。——苏辙

父母之所爱亦爱之，父母之所敬亦敬之。——孔子

老吾老，以及人之老；幼吾幼，以及人之幼。天下可运于掌。——孟子

# 十德之“勤”

## ——勤劳简朴

做事尽力，不偷懒。

勤学好问，意思是勤奋学习，不懂的就问，比喻善于学习。出自宋·朱熹《朱子语类·论语》：“它而今是勤学好问，便谥之以文。”

◎ **小故事**

### 划粥割齑

范仲淹是北宋初年杰出的政治家、文学家。他不仅在政治上有卓越贡献，而且在文学、军事方面也表现出非凡的才能。著名的《岳阳楼记》就是出自他手，文章中“先天下之忧而忧，后天下之乐而乐”的名句深为后人喜爱，广为传诵。

他在担任陕西西路安抚使期间，指挥过多次战役，成功抵御了外族的入侵，使当地人民的生活得以安定。西夏的军官互相告诫说：“小范老子（指范仲淹）胸中有数万甲兵。”话里对范仲淹充满敬畏之心，这

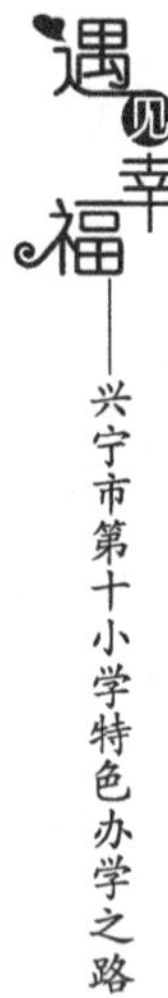


在北宋的历史上是罕见的。

范仲淹之所以有这样杰出的才能，与他在青少年时期的刻苦努力有着必然的因果关系。早年的辛勤耕耘，换来了日后的丰硕果实。

范仲淹的祖籍原来是邠州，迁到苏州吴县是后来的事情。他不到3岁时，父亲因病故去。他随着母亲改嫁到朱家。十几岁时，范仲淹知道了自己的身世，便辞别母亲，只身来到应天府书院，拜当时著名学者感同文为师，学习经邦治国的知识，立志报国为民。在应天府书院期间，生活条件非常艰苦，他把粥划成若干块，咸菜切成碎末（划粥割齑），当作一天的饭食。

一天，范仲淹正在吃饭，他的同窗好友来看望他，发现他的伙食非常糟糕，于心不忍，便拿出钱来，让范仲淹改善一下伙食，范仲淹很委婉但十分坚决地推辞了。他的朋友没办法，第二天送来许多美味佳肴，范仲淹这次接受了。

过了几天，他的朋友又来拜访范仲淹。他吃惊地发现，他上次送来的鸡、鱼之类的佳肴都变质发霉了，范仲淹连一筷子都没动。他的朋友有些不高兴地说："希文兄（范仲淹的字，古人称字，不称名，以示尊重），你也太清高了，一点吃的东西你都不肯接受，岂不让朋友太伤心了！"

范仲淹笑了笑说："老兄误解了，我不是不吃，而是不敢吃。我担心自己吃了鱼肉之后，咽不下去粥和咸菜。你的好意我心领了，你千万别生气。"朋友听了范仲淹的话，更加佩服他的人品高尚。

一次，有人问起范仲淹的志向，范仲淹说："不是当个好医生，就是当个好宰相。好医生为人治病，好宰相治理国家。"这种不为个人升官发财而读书的伟大抱负，让周围的人非常敬佩。后来，范仲淹当了参知政事，提出许多利民富国的措施，实现了自己当年的志向，成为一代名人。

◎ **名言集锦**

业精于勤，荒于嬉；行成于思，毁于随。——韩愈

聪明出于勤奋，天才在于积累。——华罗庚

在学习上做到眼勤、手勤、脑勤，就可以成为有学问的人。——吴晗

## 十德之“公”

——天下为公

天下为公是孙中山、廖仲恺先生的指导思想，意思为：天下是天下人的天下，为大家所共有，天子之位，传贤而不传子，只有实现天下为公，彻底铲除私天下带来的社会弊端，才能使社会充满光明，百姓得到幸福。后成为一种美好社会的政治理想。也指天下公平。出自《礼记·礼运》：“大道之行也，天下为公。”孙中山的《对驻广州湘军的演说》：“提倡人民的权利，便是公天下的道理。公天下和家天下的道理是相反的。天下为公，人人的权利都是很平的。”

孙中山追求“天下为公”的启示：在中华民族五千年的文明史上，有许多优秀的传统美德，“天下为公”无疑是其中最绚丽者之一。作为20世纪中国三大伟人之一的孙中山，对“天下为公”这种传统美德的身体力行，不仅影响着与他同时代的中国人去为成立共和国而奋斗，而且对后世的中国产生了深远的影响。在改革开放、构建和谐社会的新的历史条件下，每一个中国人，尤其是其中的执政者，仍然需要弘扬“天下为公”的精神。“天下为公”是孕育民族魂的精髓，是缔造两个文明的基础，是塑造民族形象的支柱，是创造大同世界的前提。随着时代的前进和社会的发展，“天下为公”已不仅仅是一种传统美德，而且应当成为中华民族生生不息、大力弘扬的崇高信念和伟大精神。中国要和谐富强，那种以天下为己任，与国与民同呼吸共命运，国而忘家，公而忘

私，义而忘利，一心为了祖国的强盛和人民的安康而不懈奋斗，无私奉献，心忧天下的“天下为公”的精神，正是不可须臾忘记、时时践行的。

◎ **小故事**

**天下为公**

孙中山出任临时大总统期间，还以自己良好的品质和作风，为下属与国民做出了“天下为公”的榜样，以此证明了他日夜萦怀的是国家的统一富强和人民的安居乐业，丝毫没有考虑个人的权势和享受。他担任临时大总统后，仍然廉洁奉公，生活极为俭朴，不讲排场。临时大总统府设在旧两江总督衙门，他却在西部一座平房内办公，在一座简陋的小楼房内居住。他身上穿的是一件极粗陋的呢子大衣。由于临时政府财政困难，所以上至大总统，下至一般职员，都未规定支付薪金。他们除食宿由政府供给外，每人只是发给了由临时政府财政发行的军用券30元。这实际上是一种供给制的生活。政府成员如此廉洁，首先就在于孙中山的以身作则。孙中山每天都要接见大批来访者，上至地方军政官员，下至人民群众。有一天，一位八十余岁的老人专程从扬州来南京，想瞻仰孙大总统的风采，在传达室被阻。孙中山闻知后，立即召见。护卫队长把老人扶进总统府，孙中山正拟行握手礼，但老人却掷杖跪下，要向孙中山行三拜九叩之礼。孙中山急将老人扶起，告诉他：“总统在职一天，就是国民的公仆，是为全国人民服务的。”老人问：“总统若是离职后呢？”孙中山回答说：“总统离职以后，又回到人民的队伍里去，和老百姓一样。”同盟会在南京开会时，孙中山准备到会讲话。因为他太朴实与平易近人了，根本没有总统的派头，加之又是便装步行去的，所以一到门前就被警卫拦住了。警卫对他说：“今天是孙大总统要来这里，别人不让进去。”孙中山说：“孙大总统不也是一个普通人吗？他只不过是老百姓的公仆。”说完话，他把名片拿出来。那个士兵方知此人就是孙大总统，急得不知所措。孙中山向他点点头，微笑着进去了。

孙中山任临时大总统期间，在用人方面基本做到了“任人唯贤”而不是“任人唯亲”，坚持以考试办法选拔官吏，突出了一个“公”字。而他反对“任人唯亲”，更从流传很广的他反对胞兄孙眉谋取广东都督之职一事得到证明。至于他尔后让总统位于袁世凯一事，则充分彰显了“天下为公”的风范。其历史作用，论者已多，此不赘述。

◎ **名言集锦**

《礼记·礼运》：“大道之行也，天下为公。”——西汉·戴圣

教育为公以达天下为公。——陶行知

以天下论者，必循天下之公，天下非一姓之私也。——王夫之

## 十德之“省”

——反躬自省

原意：遭遇挫折时不反躬自省，反而责怪或迁怒别人，是无济于事的。

新意：责人之错须据理，因人品极处是本然。

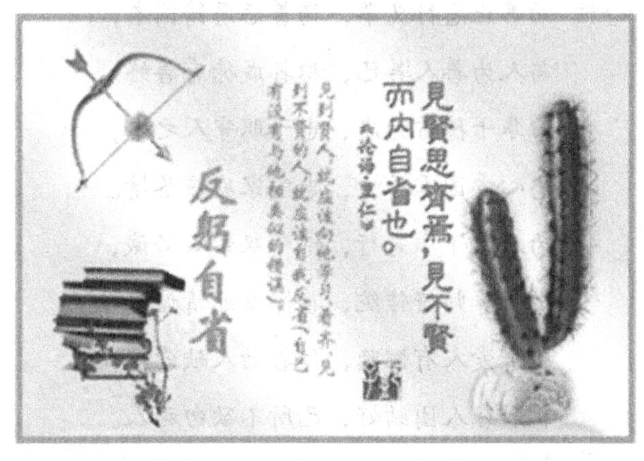

◎ **小故事**

## 狐狸和蔷薇

狐狸在跨越篱笆时脚滑了一下，幸而抓住一株蔷薇才不致摔倒，可是脚却被蔷薇的刺扎伤了，流了许多血。受伤的狐狸就埋怨蔷薇说："你太不应该了，我是向你求救，你怎么反而伤害我呢？"蔷薇回答道："狐狸啊！你错了，我的本性就带刺，你自己不小心，才被我刺到的啊！"

◎ **名言集锦**

反躬自省是通向美德和上帝的途径。——瓦茨

最困难的事情就是认识自己。——希腊

要让我写自己的历史，我就写我的错误。——周恩来

自重、自觉、自制，此三者可以引至生命的崇高境域。——丁尼生

吾日三省吾身，为人谋而不忠乎？与朋友交而不信乎？传不习乎。——孔子

## 中华十德颂

无善无恶性之本，有善有恶意之动，
知善知恶是良知，为善去恶是德行，
劝善止恶行义举，扬善惩恶铸国本，
与人为善人善己，积善成德有善终。
中华十德首为忠，忠于职守人之本，
忠心爱国需尽力，忠爱家庭应尽情。
为人之子孝先行，侍奉双亲心必诚，
敬老尊师好传统，善悌友朋情谊浓。
仁者爱人有恻隐，仁善助人献爱心，
仁和容人团结好，己所不欲勿施人。
道德智慧德之魂，明辨是非善恶清，
求真求实学风正，学以立志贵有恒。

人际交往重守信，为人诚实好品性，
彼此信任互尊重，自尊自信方成功。
文明礼让在敬人，礼制法制贵严明，
仪容服饰须得体，文明礼貌看行动。
为人处世义先行，以义导利事业兴，
仗义执言好男儿，知恩图报君子风。
安身立命勤为径，持家兴业俭为本，
爱岗敬业千般好，好逸恶劳万事空。
自强不息敢抗争，不畏强暴逞神勇，
勇于担当负责任，创新变革永不停。
戒贪戒奢常自省，知廉知耻知辱荣，
闻过则喜错必改，慎独慎微慎始终。
以德齐家家安宁，以德兴业业昌隆。
以德立身身自立，以德兴国国强盛。
中学为根西为用，传统美德继大统，
中华十德中华魂，中华复兴德先行！

（本校本教材由兴宁市第十小学余贵珠主编）

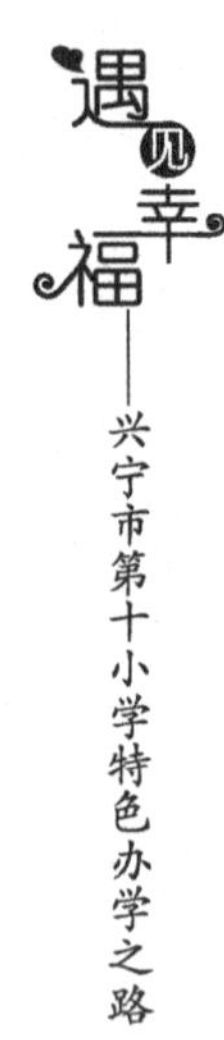


# 《十星》校本教材

## 开篇语

“十星”评选在一定程度上是具有榜样的激励作用的，因为在学生中开展评比，这本身是一件好事。从小懂得竞争，有荣誉感，追求上进，这都是孩童时代需要培养的。“十星”评选的标准也很有针对性，孩子们在成长过程中，“德、智、体”三个方面应当不断完善的。同时，评选“十星”如同发现身边的榜样，当选的学生能受到鼓励和鞭策，对于其他学生又是一种激励和督促。人的成长既需要动力，也需要压力。“十星”评选对于那些表现突出的学生来说，就是一种动力，而对于那些表现一般化的学生来说，则是一种压力。一个人的成长过程中，需要一些榜样力量引导，而从力量发挥的效果来看，越是贴近的越可师可亲可学，越能起到榜样作用。至少十星的评选和存在，能够让孩子们有一些身边的榜样，激励他们通过努力拉近与优秀同学间的距离，实现全面协调发展。

## “才能求十全　童星耀十小”之“守纪之星”

作为一名小学生，我们应该要认真学习《小学生守则》、遵守《小学生日常行为规范》，知荣辱，树新风，自强、自尊、自重、自爱，处处遵守国家法律、法规，遵守社会公德，从小事做起，从我做起，从身边的一点一滴做起，与同学和睦相处，冷静地对待和处理问题，做一个知法、懂法、守法的好学生。

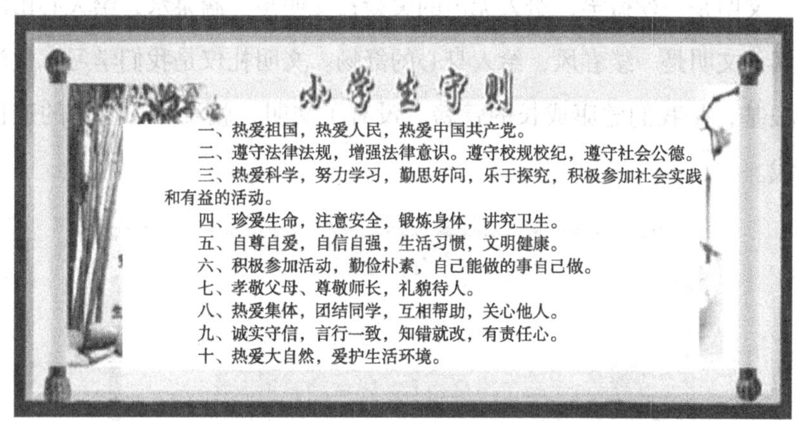


**◎ 评选标准**

1. 自觉遵守《小学生日常行为规范》和学校规章制度，活动时能自觉遵守纪律，并协助老师维护秩序。

2. 在校外能自觉遵守公共场所秩序，不打电子游戏，不赌博，不打架斗殴，不欺负弱小。

3. 能自觉遵守交通秩序，并帮助同学遵守交通规则。

**◎ 我知道**

“中国”自古以来就有“礼仪之邦”的美誉，在中华大地上，遍布着“遵纪守法”的光荣足迹：为了大部队的行动，坚守纪律，强忍着烈火烧身直至牺牲的邱少云；为了捍卫法律的尊严，以自己的毕生心血忠实地履行了“立警为公，执法为民”的神圣职责的任长霞……他们用自己的实际行动捍卫着这一美誉。

1. 读书明理，普法医愚，守法律己，和谐添彩！

2. 百行德为首，万事法为先！

3. 诚是做人之道，法乃治国之本！

## “才能求十全　童星耀十小”之“文明之星”

文明是一丝微笑，给人无声的关爱；文明是一滴泉水，给人心田的滋润；文明是一缕春风，给人身心的舒畅。文明礼仪是我们学习、生活的根基，是我们健康成长的臂膀。没有了文明，就没有了基本的道德底线。

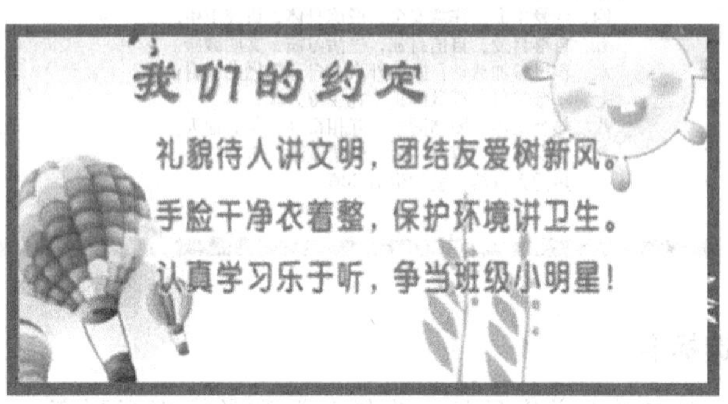


**◎ 评选标准**

1. 尊敬师长，孝敬父母，对人有礼貌，主动问好，见面行礼，尊老爱幼，同学友好相处，互相关心，互相帮助，相互尊重，相互合作。

2. 举止文明，尊重他人，乐于助人，遵守学校的各项规章制度。

3. 在待人接物时经常使用礼貌用语“您好”“谢谢”“对不起”等。

**◎ 文明从我做起**

1. 礼貌是最容易做到的事情，也是最容易忽视的事情，但她却是最珍贵的事情。

2. 共建文明校园，同创美好未来！

3. “今天，我微笑了吗？我问候了吗？我礼让了吗？我帮助别人了吗？”

**◎ 文明小建议**

1. 南开大学校长在镜子上写了一句箴言：“面必争，发必理，衣必整，纽必结，头容正，肩容平，胸容宽，背容直，气象勿傲勿怠，颜色宜和宜静宜装。”所以作为一个小学生，我们自己的仪表必须符合学校的气氛和学生的身份，保持大方、得体的仪表，这是对老师同学的一种尊重。

2. 一位名人也曾说：“德行的实现是由行为构成的，而不是由文字。”所以作为一名小学生，我们要管住我们的口，不说粗话、不随地吐痰，管住我们的手，不乱扔垃圾、不打架斗殴，管住我们的脚，不践踏草坪……成为一个懂文明、有礼貌的谦谦君子！

3. 漫漫长路常相携，是一种大美；重重风雨常相助，是一种大义；冥冥怨仇常相谅，是一种大量；芸芸众生常相敬，是一种大礼！同学们，让我们从每一件小事做起，学做文明人，学做社会人，让文明礼仪之星在校园处处闪耀！

## “才能求十全　童星耀十小”之“学习之星”

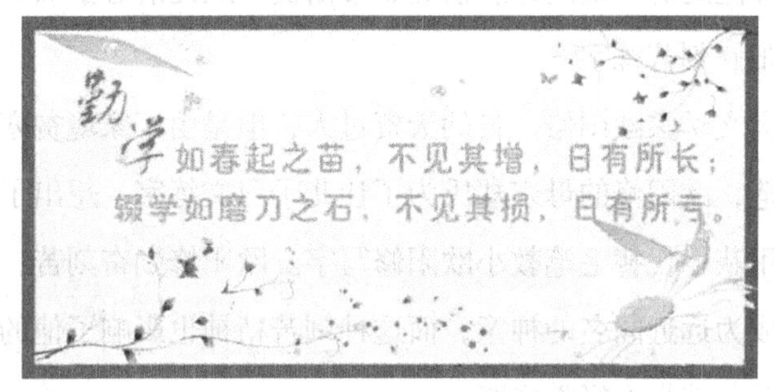


◎ **评选标准**

1. 学习成绩突出，各科学习总评成绩均名列班级前茅。

2. 学习目的明确，态度端正，勤学好问，能较好地掌握各门功课的基础和技能。

3. 有良好的学习习惯，善于掌握一定的学习技巧。能够主动帮助同学一起提高学习成绩。

4. 能够高质量地完成各项作业，作业书写整洁、美观、正确率高。

5. 学习自觉，学习笔记和读书笔记清晰、整洁。

6. 开动脑筋，积极配合班主任努力提高班级的学习氛围和学习成绩。

**◎ 勤奋学习的历史故事**

1. 董仲舒三年不窥园

董仲舒专心攻读，孜孜不倦。他的书房后虽然有一个花园，但他专心致志读书学习，三年时间没有进园观赏一眼，董仲舒如此专心致志地钻研学问，使他成为西汉著名的思想家。

2. 唐伯虎潜心学画

唐伯虎是明朝著名的画家和文学家，小的时候在画画方面显示了超人的才华。唐伯虎拜师，拜在大画家沈周门下，学习自然更加刻苦勤奋，掌握绘画技艺很快，深受沈周的称赞。不料，由于沈周的称赞，这次使一向谦虚的唐伯虎也渐渐地产生了自满的情绪，沈周看在眼中，记在心里，一次吃饭，沈周让唐伯虎去开窗户，唐伯虎发现自己手下的窗户竟是老师沈周的一幅画，唐伯虎非常惭愧，从此潜心学画。

3. 欧阳修刻苦练字

北宋大文学家欧阳修，自幼天资过人，但是由于家境贫寒，家里无钱买纸买笔，欧阳修的母亲郑氏为了让儿子习文练字，想出了一个巧妙的办法，用荻草代替毛笔教小欧阳修写字。欧阳修勤奋刻苦，练成了一手好字，成为远近闻名的神童，而这种刻苦精神也影响了他的小伙伴李尧辅，将李尧辅带上好学之路。

## “才能求十全　童星耀十小”之“劳动之星”

高尔基曾说过：“我们世界上最美好的东西，都是由劳动、由人的聪明的双手创造出来的。其实我们生来就是一群劳动者，是劳动让我们创造出了这个七彩世界。是劳动，让田野瓜果处处飘香，是劳动，让红领巾喜悦地飘进知识的海洋。”

◎ **评选标准**

为树立正确的劳动观念，培养良好的劳动习惯，结合我校实际，特制定“劳动之星”评选标准：

1. 热爱劳动，自觉整理自己的学习用品，积极参加学校要求的各项劳动活动。

2. 打扫时讲究方法，认真清理卫生死角，能够积极协助劳动委员开展工作。

3. 吃苦在前，脏活累活总是抢着干。

4. 校园内从不吃零食。当看到教室里有垃圾，会一丝不苟地去清除，检查卫生时，看到不尽人意的地方，会认认真真地去解决。对班级工作热心负责，组织能力强，完成各项任务效率高。

◎ **小故事**

1. 劳动的魅力

春天到了，小白兔和小灰兔一起主动帮老山羊爷爷收白菜。可是，面对老山羊爷爷的答谢，小灰兔接受了老山羊送的白菜，吃完了又去要，小白兔不要白菜只要菜种子，自己种白菜，收了很多很多白菜，还给老山羊送去一担呢。此时，如果问同学们，你更愿意向谁学？我想大家一定异口同声：“小白兔”。为什么？这就是劳动的魅力。

2. 爱劳动的朱德爷爷

老革命家朱德，在四五岁的时候就开始帮助妈妈做事，在八九岁的

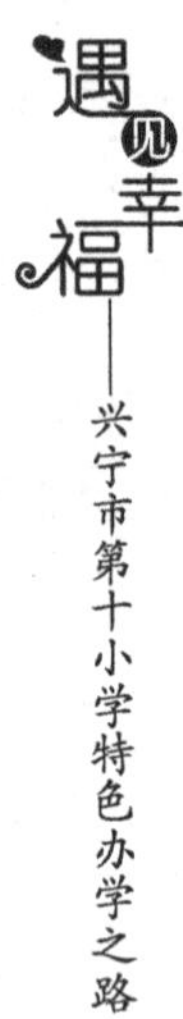


时候，朱德不仅能够帮助妈妈挑东西，而且还会下地种田了。每当朱德放学回家，总是悄悄地把书包一放，然后就帮助妈妈去挑水或放牛。有时候，他上午读书，下午种地。农忙的时候，朱德便整天在地里跟着母亲劳动。

◎ **我知道**

1. 劳动创造幸福。
2. 一分耕耘，一分收获。
3. 春种一粒粟，秋收万颗子。
4. 我劳动，我快乐。
5. 我劳动，我光荣。
6. 劳动是人类生活的基础，劳动是快乐的源泉。

## “才能求十全　童星耀十小”之“阅读之星”

阅读，可以拓宽我们的眼界，获得丰富的知识；阅读，能引导我们明理，学会如何做个有修养的人；阅读，还能提高我们的阅读能力，养成良好的学习习惯。一本好书就像一艘航船，引领我们从浅狭的港湾驶向无边的海洋。在书的世界里，可以领略广阔的天地，欣赏壮丽的山河，可以知文史经，品诗词歌赋，可以回味古老的悠长，眺望未来的瑰丽！

◎ **评选标准**

1. 有良好的阅读习惯和较深厚的阅读兴趣；能在班级或学校起发挥“课外阅读”的模范带头作用。

2. 积极参加学校组织的阅读活动，认真阅读学校推荐的阅读书目，经常向学校阅览室、班级图书角借阅书籍，能写较为具体生动的读后感。

3. 坚持诵读《课程标准》推荐的古诗文经典诵读内容，低年段学生能背诵15首以上，默写5首；中年段学生能背诵30首以上，默写10首；高年段学生能背诵50首以上，默写20首。

4. 读书量大：低年级一学期课外阅读总量不少于1万字，中年级一学期课外阅读总量不少于5万字，高年级一学期课外阅读总量不少于10万字；做好“读书摘记”；积极参加学区、学校、班级组织的各种读书活动。

◎ **古人爱读书的故事**

我国著名的马克思主义经济学家、《资本论》最早的中文翻译者王亚南小时候胸有大志，酷爱读书。他在读中学时，为了争取更多的时间读书，特意把自己睡的木板床的一条腿锯短半尺，成为三脚床。每天读到深夜，疲劳时上床去睡一觉后迷糊中一翻身，床向短脚方向倾斜过去，他一下子被惊醒过来，便立刻下床，伏案夜读。天天如此，从未间断。结果他年年都取得优异的成绩，被誉为班内的“三杰”之一。1933年，他乘船去欧洲，客轮行至红海，突然巨浪滔天，船摇晃得使人无法站稳。这时，戴着眼镜的王亚南，手上拿着一本书，走进餐厅，恳求服务员说：“请你把我绑在这根柱子上吧！”服务员以为他是怕自己被浪头甩到海里去，就照他的话，将王亚南牢牢地绑在柱子上。绑好后，王亚南翻开书，聚精会神地读起来。船上的外国人看见了，无不向他投来惊异的目光，连声赞叹说：“啊！中国人，真了不起！”

## “才能求十全　童星耀十小”之“足球之星”

做前锋，将吉祥踢进球门；做后卫，将幸福牢牢守住；做门将，将快乐抱在怀中！

足球精神是一种团队精神，一个团体如果有一个好的团队和良好的团队精神，它就会像冲锋的号角，催人向上，激励团队里的每位成员勇往向前，奋力争先，形成良性的竞争氛围。

魅力足球：快乐，在脚下滚动；呐喊，在赛场响起；精彩，在每时每刻；魅力，在时时闪耀。

**◎ 评选标准**

1. 尊敬师长，孝敬父母，对人有礼貌，尊老爱幼，同学互相关心，互相帮助，互相尊重，互相合作。

2. 热爱足球运动，有较强的锻炼意识，坚持体育锻炼，积极参加各种体育活动；或锻炼意识明显提高，锻炼积极性明显增强，身体素质有明显好转。

3. 珍爱生命，有较强的安全意识，有一定的自我急救、自我保护的知识和能力。身体健康，乐于与他人交往，性格开朗，有良好的心理素质和积极进取的人生态度。有较强的团队合作意识，彼此尊重，增强凝聚力。

**◎ 相关知识**

**中国足球第一人——李惠堂**

李惠堂，中国近代体育史上著名的足球运动员。从17岁开始足球生涯，活跃于20世纪二三十年代的亚洲足坛，被球迷和香港媒体亲切地评为“亚洲球王”。他不但是战前罕见的中国职业足球运动员，也是当时公认的中国足球第一人。据统计他在各项足球比赛中，共射进1860个球，与巴西的里登雷克、德国球星盖德·穆勒、球王贝利以及独狼罗马里奥是迄今世界上进球逾千个的五大巨星。

李惠堂（1905—1979），字光梁，广东五华人，著名足球运动员。1905年出生于香港。其父李浩如，系广东省梅州市五华县人。李惠堂4岁那年，随母亲回到家乡五华县锡坑乡（现为锡坑镇）老楼村居住。在那里，这个天性喜爱足球的孩子，把家门口的狗洞当成了练习射门的目标。由于从香港带回的足球被踢坏后，就从家门口的两棵柚子树（一名丰琅柚，一名蟠龙柚）上摘下柚子来当球踢。等到树上的柚子都被摘完后，他又用布巾扎成布团当作皮球来练习。经过几年的锻炼，他的身体日见壮实，球技过人。10岁左右，李惠堂回到香港。1921年考入足球运动比较普及的皇仁书院，接受了比较系统的足球训练。李惠堂球风正派，脚下功夫深。一次，他在与英国海军球队比赛时，球刚过中线，就拔脚劲射，球竟穿过好几个英国选手的人丛硬是入网。他还曾经一人从后场盘球，接连晃过四五个前来阻截的对手，一直把球带到对方门前，从容起脚，把球攻入门里。这种球艺堪与贝利、贝肯鲍尔和马拉多纳相媲美。

## “才能求十全　童星耀十小”之“篮球之星”

篮球运动，它能全面、有效、综合地促进身体素质和人体机能的全面发展，提高和保持人的生命活力，为人的一切活动打下坚实的身体（物质）基础，从而提高生活的质量。

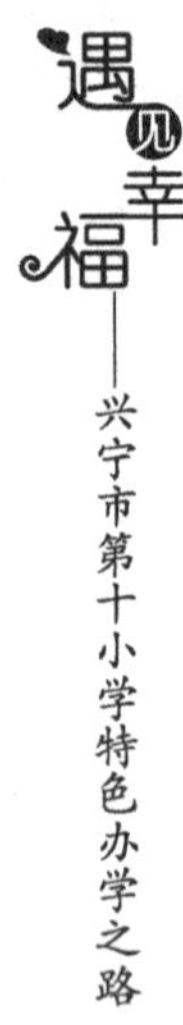


篮球运动，能有效地促进参与者的心理、技能、观察、应变等综合能力的提高，锻炼和培养发现问题、分析问题和解决问题的能力。

篮球运动，可以培养集体主义精神，明白团结合作的作用。

**◎ 评选标准**

1. 有良好的篮球运动习惯和深厚的兴趣；有一定的篮球知识、技能储备。

2. 能积极参加学校组织的篮球社团、特色篮球托管活动，在活动中能认真训练、比赛，起到模范带头作用。

3. 有良好的心理素质，有面对困难不服输的精神。

4. 有良好的集体意识，能组织、团结、带领队员。

**◎ 小故事**

**凌晨四点的故事**

“你为什么能如此成功？”记者问。“你知道洛杉矶每天早上4点钟是什么样子吗？”科比反问道。记者摇摇头说：“不知道。那你说说洛杉矶每天早上4点钟究竟是什么样？”

科比挠挠头，说：“满天星星，寥落的灯光，行人很少。”说到这里，科比笑了，“究竟是什么样子，我也不太清楚。但这没有关系，你说是吗？每天早上4点，洛杉矶仍然在黑暗中，我就起床行走在黑暗的洛杉矶街道上。一天过去了，洛杉矶凌晨的黑暗没有改变，两天过去了，凌晨的黑暗依然没有改变，10多年过去了，洛杉矶早晨4点的黑暗仍然没有改变，但我已变成了肌肉强健、有体能、有力量、有着很高投篮命中率的运动员。”

科比成功的秘诀在于：对目标的不断追求，对自身不断要求，对待每一场比赛的态度，对细节要求近乎完美，成就了如今的伟大。

## “才能求十全　童星耀十小”之“跳绳之星”

细细的一根绳，小小的两个手柄，就让许多小朋友在课间玩得不亦乐乎。跳绳是以四肢肌肉活动为主的全身运动项目，具有很大的锻炼价值。

跳绳运动能使学生肢体活动灵活有力而达到心灵手巧。有助于促进儿童体力、智力和应变能力的协调发展。

跳绳运动使学生自觉地形成组织纪律性，可以培养其团结协作精神和集体主义意识。

◎ **评选标准**

1. 有良好的运动习惯，对跳绳有深厚的兴趣；能了解跳绳知识、熟练掌握基本的跳绳技术。

2. 能积极参与学校组织的跳绳社团、特色跳绳托管活动，在活动中能认真训练、熟练掌握活动内容。

3. 有团结协作的精神，能融入集体、团结、带领队友。

◎**跳绳的知识**

"二童子引索略地，如白光轮，一童跳光中，曰跳白索。"这是明代《帝景物略》一书中记载有关跳绳的语句。而跳绳运动早在我国唐宋时期便已盛行。

至今为止已有上千年历史，唐时称为"透索"。宋时称"跳索"。明朝期间称之为"跳白索""跳百索""跳马绳"。清称"绳飞"。时过境迁，跳绳早有"最完美的健康运动"的美称，且于1996年成立国际跳绳联盟。并举办过七届世界跳绳锦标赛，于2001年成立亚洲跳绳联盟。

## "才能求十全　童星耀十小"之"舞蹈之星"

舞蹈是八大艺术之一，可以给人增加气质和魅力。舞蹈有助于增强体质，促进骨骼发育，还能改变不好的姿态，使动作更协调优美，学习舞蹈既让自己多掌握了一种技能，同时也能使自己形体优美，学好舞蹈不仅能帮助孩子塑性、强身健体，还能增强小孩的自信心、意志力、团结协作能力等，让小孩真正从内到外得到全面的提升。

◎ **评选标准**

1. 热爱艺术，喜欢舞蹈，具备一定的文艺表演才能。

2. 积极参加各种舞蹈类的比赛，并取得一定的成绩。

3. 积极参加班内或学校的艺术活动，并能在活动中出谋划策。

◎ **学习舞蹈注意事项**

1. 选择舒适的舞服：标准的着装打扮，穿标准适合自己的舞服，穿适合的舞鞋，扎好头发。

2. 舞蹈前的热身：课前的热身动作是必须做的，热身有助于避免跳舞的时候肌肉拉伤。

3. 课前进食情况：不能吃得太饱，肠胃可能会不舒服；不能不吃，可能体能跟不上导致晕倒。这是饮食需要注意的方面。

4. 放松身体：清除脑袋中的杂念，才能体会到舞蹈带给你的快乐，并且会全身心地去学好舞蹈。

5. 找好位置：尽量不让前面的同学挡住你的镜子，时刻通过镜子来看自己的动作，这样自己可以发现自己的不足，也能纠正自己错误的动作，这个可以根据实际的情况来调整。

6. 课后练习：舞蹈我们需要上课的时候认真，下课的时候复习，跟有课后作业是一样的道理，只有这样，我们才能学得更好，只有反复地练习你的动作才会更熟练、更标准。

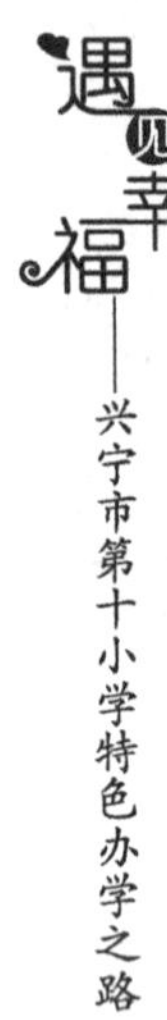

## “才能求十全　童星耀十小”之“歌唱之星”

歌唱是一门艺术，是一种将曲子和歌词融合在一起，用嗓音表达出来的艺术。它以抑扬有节奏的音调发出美妙的声音，给人以美的享受，可以很好地陶冶人的情操。在歌唱表演中，需要注入一定的情感，并且对歌曲的思想内容、表现手法以及时代背景加以了解和分析，进行适当的处理，让“情”和“声”相统一，以增强歌唱艺术感染力，把歌曲的艺术形象准确完整地再现出来。歌唱练习应该遵守循序渐进的原则，不能急于求成，否则会失去美妙的嗓音。

**◎ 评选标准**

1. 热爱音乐，具有音乐鉴赏能力。

2. 唱歌时能做到音准到位，不跑调；旋律和节奏把握较好，吐字清晰，气息流畅，情感投入到位。

3. 喜欢上音乐课，积极参加社团活动和学校组织的歌唱比赛，表现突出，音乐素养较高。

4. 能初步掌握一些简单的乐理知识。

◎ **相关知识**

## 民族唱法

1. 概况

民族唱法是由中国各族人民按照自己的习惯和爱好，创造和发展起来的歌唱艺术的一种唱法。民族唱法包括中国的戏曲唱法、说唱唱法、民间歌曲唱法和民族新唱法四种唱法。民间歌曲源于人民之中，是我们民族的宝贵文化财富，如：茉莉花系列歌曲、摇篮曲系列歌曲、送情郎系列歌曲、山歌系列歌曲、号子系列歌曲等。

2. 特点

传统的民族唱法以真声为主，大多采用腹式吸气法，其特点是气吸得深，但量少，而形成的吸气管道比较长，不利于高、中、低声音的统一。民族新唱法主要是在继承我国民族传统唱法的基础上，借鉴了美声的胸腹式联合呼吸方法，吸气量足，易于控制，高音区主要以头控共鸣为主，增加了真假声的混合，发出来的声音亮丽、集中、穿透力强。这种唱法能自如地演唱民族歌剧的大段唱腔，是我国优秀声乐教育事业工作者多年研究努力的可喜成果。

3. 发展

早在春秋战国时期，就出现了像韩娥、秦青这些有史可查的著名歌手和声乐教师。民族唱法以它独特的演唱技法，不仅造就了古代这些著名的歌唱家，还造就了这以后的许许多多歌唱家。如郭兰英、王昆、王玉珍、胡松华、才旦卓玛、于淑珍、李谷一等等。他们的出现都得益于民族唱法的演唱技法，也为民族声乐艺术展示了无限光辉的未来，并促进了民族声乐艺术的发展。

（本校本教材由兴宁市第十小学余贵珠主编）

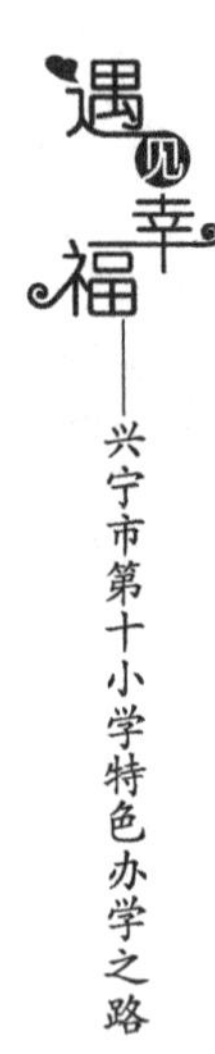


# 《足球》校本教材

## 前 言

中国足球的发展承载着国家强盛、民族振兴的梦想。当前中国足球的发展进入了新的历史阶段。新时代足球教育应全面贯彻党的十九大精神，以习近平新时代中国特色社会主义思想为指导，深入贯彻落实习近平总书记关于校园足球工作的重要批示精神。“少年强、青年强则中国强。少年强、青年强是多方面的，既包括思想品德、学习成绩、创新能力、动手能力，也包括身体健康、体魄强壮、体育精神。”小学阶段是人生成长的基础时期，编者希望学生可以通过对足球的学习，获得运动能力、养成健康行为、铸就体育品德，成为未来建设祖国的合格人才。

足球，永恒的魅力，永恒的话题。足球能带给我们一个充满神奇与惊险、欢乐与悲伤的激情世界。在足球比赛中，变化莫测的过程让你如痴如醉！神来之脚的射门得分让你惊叹不已！运动员全力以赴对待每一个机会而永不放弃的拼搏精神，让你激动万分，忍不住高歌呐喊！运动员遵守规则、尊重对手的良好品德，让你的敬佩之心油然而生！团队配合、精准传接让你叹为观止，血脉偾张！舞蹈般的连续盘带过人突破，让你眼花缭乱，跃跃欲试！全场高速跑动的充沛体能，让你敬佩不已，热血沸腾！一夫当关，万夫莫开的守门员神勇扑救，让你肃然起敬，怦然心动！

经常参与足球运动，会使你体魄强健、善于合作、意志坚强、积极进取、品格健全、乐观向上，助你超越自我，成就人生。让我们一起燃烧足球热情，追逐足球快乐之梦吧！

## 图　例

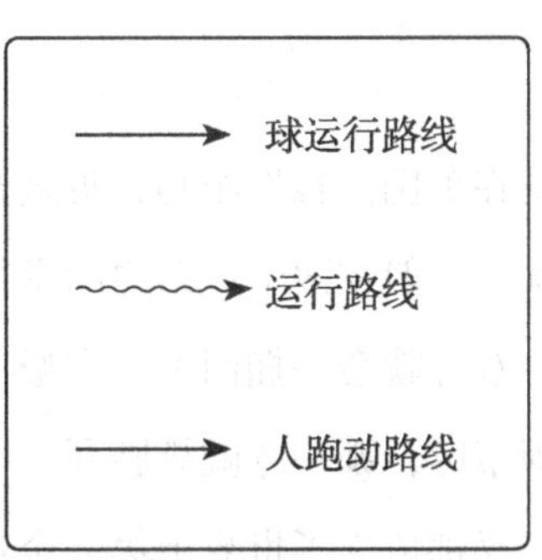


# 第一章　足球启蒙

### 一、认识足球

足球有“世界第一运动”的美誉，是全球体育界最具影响力的单项体育运动之一，正式的足球比赛由两队各派十名球员与一名守门员，共22人，在长方形的草地球场上对抗进攻比赛的目的是尽量将足球射入对方的球门内。

中国古代把用脚踢球叫蹴鞠，早在2000多年前的春秋战国时代就有了蹴鞠游戏，西汉时修建有“鞠城”专供竞赛之用，唐代用灌气的球代替了过去用毛发织物填充的球，称为“气毬”，并用球门代替了“鞠室”。

## 二、足球装备

现代足球起源地是在英国。12世纪初，英国开始有了足球赛。比赛是娱乐活动，一年两次，一般在两个城市之间举行。主持人把球往空中一抛，比赛就算开始。双方就会一拥而上，大喊大叫，又踢又抱，哪一方能将球踢进对方的闹市区，哪一方就算胜利。

1862年，英国诺丁汉郡成立了世界上第一个足球俱乐部。从1900年第二届奥运会开始，足球被列为奥运会正式比赛项目。

### 1. 守门员装备

守门员服：守门员需要做扑救动作，因此胸前、膝盖、肩肘、关节等地方都是有海绵缝在衣服里面，以减少守门员受伤的可能。

守门员手套可以增加守门员接球的摩擦力，同时保护手指不容易受伤。

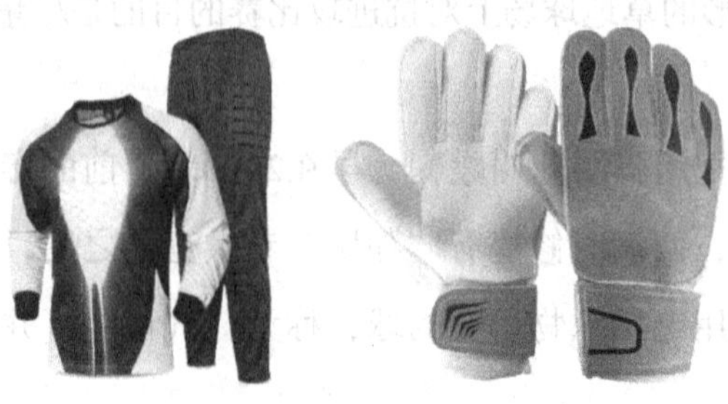

### 2. 角旗

角旗是边线与端线交接处的标志，是区分角球和界外球的依据。

# 第二章　踢球

## 一、踢固定球

踢球是足球运动基本技术的一种，指按一定的动作方法，用脚的某一部位将球踢向预定的目标。

动作要领：助跑支撑后摆腿，看准目标向前踢。

动作重点：触球部位准确。

动作难点：触球部位与运行路线一致。

### 1. 初步学习

每人一球在20米×20米区域的空地上随意地踢球与跑动，在2分钟内计算脚触球的次数。

变化：尝试用两只脚分别踢球。

### 2. 实践运用

叫号游戏：在大小适中的空地上进行自由带球，根据指挥员喊出的

数字，队员迅速把对应数量的球靠拢。

（1）原地踩球：左右脚交替连续踩球20次。

（2）踩球转圈：左右脚交替连续踩球，前后左右四个方向各10次，中间不停顿。

## 二、踢直线球

踢球技术主要用于传球和射门，按脚触球的部位可分脚内侧踢球、脚背内侧踢球、脚背外侧踢球、正脚背踢球、脚尖和脚跟踢球等多种方法。

动作要领：助跑支撑摆小腿，踢准部位呈直线。

动作重点：支撑脚的站位。

动作难点：脚触球部位。

### 1. 初步学习

我们踢球时常用脚的部位包括脚内侧（脚弓）、脚背内侧、脚背外侧和脚背正面，如图所示：

脚内侧

脚背内侧

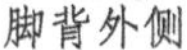

脚背外侧

脚背正面

**2. 实践运用（网袋踢球游戏）**

游戏准备：在一块20米×20米的场地上把足球装进网袋，并把网袋扎绳延长出1米左右。

游戏规则：学生抓住扎口绳子的另一端绳的长度，以脚能踢到球为准，学生可从场地的一端持球左右脚行进间，踢到另一端。

游戏要求：

（1）开始时，可原地踢再逐步过渡到行进间踢。

（2）鼓励尝试用左右脚交替进行练习。

**三、脚内侧多方向踢球**

脚内侧踢球是指运动员有目的地用脚的内侧将球踢向预定目标的技术动作。脚内侧踢球是进行短距离传球和射门的理想方法。

动作要领：膝踝外展脚尖跷，脚踝紧绷触击球。

动作重点：支撑脚的站位。

动作难点：踢球腿的摆动。

**1. 初步学习（“我和你”踢球练习）**

方法：两人1组，相距5米外，1名队员用手将球滚向队友，队友以脚内侧将球踢回，踢完10球后交换练习。

变化：使用非惯用脚；尝试以脚内侧踢球的方法进行相互间传球。

**2. 实践运用（“踢靶子”游戏）**

方法：在距离踢球点5米处摆放一张小垫子作为靶子，每人每次以脚内侧踢1球，重复练习。与小伙伴们比一比，谁踢中靶子次数多。结合竞赛，累计并比较每人踢10个球或规定2分钟内的中靶数量。如图所示。

变化：增大踢球点与靶子间的距离（如8米）；使用非惯用脚踢球。

### 四、脚背正面踢球

脚背正面踢球是运动员有目的地用脚背正面将球踢向预定目标的技术动作。脚背正面踢球，其摆幅相对较大，摆踢动作顺畅快速，便于发力，适用于远距离的发球和大力射门。

动作要领：小腿加速向前摆，脚背绷直触击球。

动作重点：踝关节的固定与脚背的绷紧。

动作难点：踢球腿的小腿爆发式的前摆。

**1. 初步学习（“我和你”踢球练习）**

方法：2人1组，1人站着，将球轻抛向坐于地面的同伴的练习脚前方，坐地者屈腿，绷紧脚背反复踢抛落下来的球。

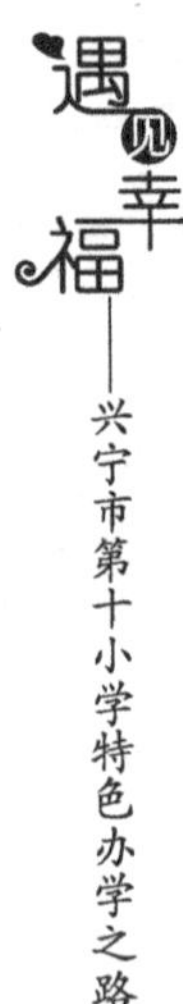

**2. 发展提高（比一比，看谁踢得准）**

方法：在距离踢球点15米外的地方摆放1个标志物，用脚背正面踢球，每人踢10个球，累计命中目标的个数。如图所示。

变化：可分小组比赛；使用非习惯脚。

# 第三章　运球

**一、脚背正面运球**

运球，是运动员在跑动中，用脚的推拨动作，有目的地使球保持在自己控制范围内而做出的连续触球动作。让我们一起动起来，感受运球的魅力吧！

动作要领：正面触球，抬脚跟，触球力度最紧要。

动作重点：脚触球的部位。

动作难点：推拨球的力量和方向。

**1. 初步学习**

本单元教学目标是让学生初步掌握脚背正面、脚背内侧运球。

变化：用非惯用脚运球。

**2. 实践运用**

运球：相距10米，从起点运球到终点要求，触球15次以上。如下图所示。

变化：改变运球距离。

## 二、脚内侧运球

脚内侧、脚背外侧运球是足球运动中运用最多的运球的方法，运球时要保持足球在可控制的范围内，要注意脚触球的力度和触球位置。

动作要领：触球要在球中部，抬头向前找方向。

动作重点：脚触球部位。

动作难点：推拨球的力量和方向。

**1. 初步学习**

（1）尝试用脚内侧运球，方向可自己调整。

（2）尝试用脚背外侧运球，尽量把球运到自己要去的位置。

**2. 实践运用**

（1）原地左右脚内侧来回拨球：有目标地用脚内侧来回拨球；运用左右脚内侧来回拨球，向前运球10米。

（2）直线运球：在距起点15米处放置标志桶，用脚内侧向前运球，绕过标志桶后用脚外侧将球运回起点。

三、快速运球

运球是足球运动的基础，是运动员在跑动中，用脚的推拨动作有目的地使球保持在自己控制范围内而做的连续触球动作。运动员可运用合理的运球动作越过对手。

动作要领：运球跑动要放松，重心控制最要紧。

动作重点：掌握正确的触球部位和协调用力。

动作难点：运球过程中的节奏与重心控制。

**1. 初步练习（球性练习——前脚掌拉球练习）**

方法：1人1球，左腿直立，右腿弯曲，用右脚前脚掌踩住球的上部或侧上部，左腿在侧后方作重心支撑，然后触球脚向后下方用力将球拉回，注意保持足球要一直踩在脚下。来回拉球10次后换另一脚拉球，如此重复练习4分钟。

**2. 实践运用（找朋友）**

方法：在固定区域内（15米×15米），每人1球自由运球，指挥员随机喊一个数，如指挥员喊“2”，队员找寻目标快速运球跑动，两人组成小组。

变化：每一次的朋友都不同，而且必须有新朋友加进来；每一次朋友相聚时的动作不一样，每一次朋友相聚后都要接着完成一个活动（如传球、头顶球、手抛球）。

## 四、变向运球

运球是足球运动技术中的一种，是指用脚推拨足球，使之与在跑动中的人一起行进，并牢牢控制住球的动作。

动作要领：运球跑动要放松，变向节奏是关键。

动作重点：掌握正确的触球部位和协调用力。

动作难点：运球时节奏与重心的控制。

### 1.初步学习

（1）球性练习——脚内侧推拨球

方法：每人1球，先原地用双脚内侧来回推拨球50次，然后尝试用此方法分别往前、往后、往左、往右推拨球30次，如此重复练习若干次。

（2）推倒和捡起标志桶练习

方法：1人1球，在规定区域内每人进行运球练习。区域中有很多标志碟和标志桶，要求在不把球带丢的情况下，用手推倒所有标志桶并把标志碟翻面。当完成这些后，带球再把所有碟和桶恢复初始摆放，需尽快地完成。

**2. 发展提高**

（1）“木头人”运球练习

方法：在指定区域内，队员每人1球自由运球，并指定1名队员去抓其他队员。如果其他队员想避免被抓住，可用脚踩住球，并立即张开双手大喊“木头人”，保持不动。当这名队员想再次启动运球时，必须有1名队友跑到他身边触手帮他启动。

变化：指定多名球员去抓人。

（2）不同运球技术的运用

当防守队员在侧旁紧紧跟随并伺机抢截时，运球者应该用远离防守者的脚运球，可以用脚内侧、脚背外侧运球，同时有效地利用身体保护球。而在运球前方较长距离内无对手阻拦时，可用脚背正面或外侧高速运球推进。当需要向支撑脚一侧转动、变向运球时，可用脚内侧运球。向运球脚一侧改变方向时可用脚背外侧拨球。

# 第四章　射门

## 一、跑动射门

射门是足球运动的得分手段，主要是指用踢球、头顶球、铲球等技术将球射向对方球门。

动作要领：助跑摆动是基础，支撑站位是关键。

动作重点：支撑脚的站位。

动作难点：踢球腿的摆动。

### 1. 初步学习（综合动作练习）

方法：与你的队友2人1组，完成传球→跑动→射门练习。

### 2. 实践运用（保龄球射门练习）

方法：与你的队友自由组合分成若干小组，用脚踢球射向远处摆放的标志桶，每射倒1个标志桶记1分，相互进行比赛。

变化：增加球与标志桶间的距离，组与组之间进行竞赛。

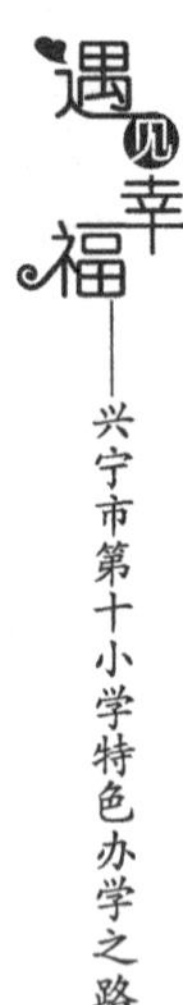

## 二、传接射门

在足球运动中，射门是进攻的最终目的，是得分的手段，也是比赛胜负的关键。队员在射门的时候需要保持冷静、机智、果断和随机应变。

动作要领：判断来球方向准，抬脚射门快准狠。

动作重点：判断来球方向，合理选择支撑脚的站位。

动作难点：踢球腿的摆动和触球部位。

### 1. 初步学习

方法：2人1组，完成“运球→传球→射门”练习。

**2. 发展提高（“打靶”练习）**

方法：将4个标志桶和1个标志碟各间隔1米摆放，构成3个得分区域，每个区域的分值分别为1分、2分、3分，越靠近靶心分值越高。每队4人，在距离靶子6米远处开始“打靶”，队员一个接一个地用脚内侧踢球，尽量把球踢向靶心，比一比谁的得分高。

三、运球射门

射门是足球比赛中的重要环节，是得分的手段，对于比赛的胜负起决定性作用。

动作要领：支撑脚站在球侧，另一脚自然向后提起小腿，脚踝紧绷，摆动小腿触击球中后部，击球后身体随前完成射门。注意射门摆腿的幅度和稳定身体的重心。

动作重点：支撑脚的站位。

动作难点：踢球腿的摆动和选择正确的触球部位。

1. 初步学习

方法：将队员分成若干组，用脚射远处摆放着的标志桶。注意强调踢球时的身体姿势、脚的位置、触球的脚面。

变化：增加远射的距离，小组之间比赛。

2. 发展提高（个人射门练习）

方法：队员尝试从侧面进攻，并在守门员上前的情况下进行射门，或者用弧线球技术射门，或者挑高球。该项训练分别从球门左右两边进行，并且分别使用左右脚。

变化：加上1名防守队员。

在比赛中得分机会转瞬即逝，首先要尽量多尝试射门，因为只有射门才可能得分，不射门几乎就不能得分。要根据实际情况选择射门方式，由于弧线球技术较难，一般在距离球门较远的地方选择大力抽射，在距离球门较近的地方选择推角度射门。

## 四、脚背正面射门

足球攻防对抗中，进攻是足球比赛的主旋律，射门进球是足球比赛攻守矛盾的焦点。随着世界足球水平的不断发展及相互交流与融合，无论个人作战还是整体打法，球队之间的差距越来越小。比赛中对抗越来越激烈，速度越来越快，但其宗旨都是为了射门得分。

动作要领：向球助跑若干步，支撑脚落在球侧约30厘米位置，用脚背击球后部。

动作重点：判断来球方向，合理选择支撑脚站位。

动作难点：踢球腿的摆动和触球部位。

### 1.初步学习（射标志桶）

方法：用脚背正面射放置在球门内的6个不同分值的标志桶。越靠近球门线中点，分值越低。其中两个最靠近中点的标志桶各1分，靠边一点的2分，最靠边上的3分。最后得分最多者胜利。

2. 发展提高（2对1射门）

方法：2对1进攻，设1球门，2人为进攻方，1人为防守方。进攻方通过传球、运球等技术，为同伴创造射门机会。进攻方要传接球3次或以上才能射门。

变化：增加守门员，提高射门难度。

在比赛中得分机会转瞬即逝，首先要尽量多尝试射门，因为只有射门才可能得分，不射门几乎就不能得分。要根据实际情况选择射门方式，由于弧线球技术较难，一般在距离球门较远的地方选择大力抽射，在距离球门较近的地方选择推角度射门。

（本校本教材由兴宁市第十小学余贵珠主编）

# 致 谢

《遇见幸福——兴宁市第十小学特色办学之路》一书正式出版了，回顾本书从梳理到出版的过程，我有很多的感触与感动。本书介绍了兴宁市第十小学创新学校文化特色品牌，以校园文化带领学校的发展，构筑幸福教育高地，让师生幸福生活的研究和实践，所选内容除第二、三章部分论文是学校老师所撰写，剩余部分均是本人的研究成果（11万字）。在这里对提供稿件的曾文辉、薛进标等老师表示感谢。

学校是教育的主阵地，我一直走在探寻品质办学的路上，并带着实践与思考提出了自己的办学理念——“做最擅长的自己，建最幸福的校园”，抛砖引玉，希望能够引发更多学校的深度思考。

余贵珠

2022年9月